EM BUSCA DE DEUS

UMA JORNADA DE ANSEIO
PELA PRESENÇA

A. W. TOZER

Editora Quatro Ventos
Avenida Pirajussara, 5171
(11) 99232-4832

Diretor executivo: Raphael T. L. Koga
Editora-chefe: Sarah Lucchini
Gestora de Projetos: Acsa Q. Gomes

Tradução: Thaíssa Tavares

Supervisão Editorial:
Mara Eduarda Garro
Marcella Passos
Natália Ramos Martim

Equipe Editorial:
Ana Paula Gomes Cardim
Anna Padilha
Gabriella Cordeiro de Moraes
Giovana Mattoso
Milena Castro
Nadyne Campinas
Rafaela Beatriz Santos

Revisão: Paulo Nishihara

Equipe de Projetos:
Letícia Souza
Nathalia Bastos de Almeida
Witalo Silva

Coordenação do projeto gráfico: Ariela Lira
Diagramação: Rebeca R. C. Gobor
Capa: Vinícius Lira

Todos os direitos deste livro são reservados pela Editora Quatro Ventos.

Proibida a reprodução por quaisquer meios, salvo em breves citações, com indicação da fonte.

Todas as citações bíblicas e de terceiros foram adaptadas segundo o Acordo Ortográfico da Língua Portuguesa, assinado em 1990, em vigor desde janeiro de 2009.

Todo o conteúdo aqui publicado é de inteira responsabilidade do autor.

Todas as citações bíblicas foram extraídas da Nova Almeida Atualizada (NAA), salvo indicação em contrário.

Citações extraídas do site *https://www.bibliaonline.com.br/naa*. Acesso em setembro de 2022.

Publicado em inglês por CLC Publications, Fort Washington, Pensilvânia.

Título em inglês: The Pursuit of God - Tozer, A. W.

Copyright © 2019 da CLC Publications.

Direitos cedidos pela CLC Publications à Editora Quatro Ventos.

1ª Edição: fevereiro 2023

Catalogação na publicação
Elaborada por Bibliotecária Janaina Ramos – CRB-8/9166

T757

Tozer, Aiden Wilson

Em busca de Deus: uma jornada de anseio pela presença / Aiden Wilson Tozer; Thaíssa Tavares (Tradução). – São Paulo: Quatro Ventos, 2022.

Título original: The pursuit of God.

168 p.; 16 X 23 cm

ISBN 978-65-89806-47-9

1. Busca de Deus. 2. Cristianismo. 3. Devoção. I. Tozer, Aiden Wilson. II. Tavares, Thaíssa (Tradução). III. Título.

CDD 248.485

Índice para catálogo sistemático
I. Busca de Deus

SUMÁRIO

- 13. Introdução
- 17. Apegados a Deus
- 31. A bênção de nada possuir
- 45. Removendo o véu
- 63. Apreendendo Deus
- 77. A presença universal
- 91. A voz de Deus
- 105. A alma contemplativa
- 121. Restaurando a relação Criador-criatura
- 133. Mansidão e descanso
- 145. A vida como sacramento
- 161. Referências bibliográficas

PREFÁCIO

Em tempos de quase completa escuridão, surge um vislumbre animador: no seio do conservadorismo cristão, é possível encontrar um número crescente de pessoas cujas vidas espirituais são caracterizadas por uma fome insaciável pelo Deus verdadeiro; estão ávidas por realidades espirituais; não serão desencorajadas por palavras, nem se contentarão com outras interpretações da verdade; permanecem sedentas pelo Senhor e não ficarão satisfeitas até se saciarem na fonte de água viva (cf. João 4.14).

Esse é o único indicador real de avivamento que fui capaz de perceber ao longo do nosso horizonte religioso. Talvez seja a nuvem, do tamanho da palma da mão de um homem (cf. 1 Reis 18.44), pela qual alguns poucos santos têm procurado em todo lugar, e que pode resultar em ressurreição de vida para muitas almas e em renovo do fascínio exultante que deve acompanhar a fé em Cristo — uma vez que este desapareceu da Igreja do Senhor em nossos dias.

No entanto, essa fome precisa ser reconhecida pelos nossos líderes espirituais. Em outra metáfora, o evangelicalismo atual ergueu o altar, repartiu o sacrifício, mas agora parece satisfeito em contar as pedras e reorganizar a estrutura sem nunca se preocupar com o fato de que não há qualquer sinal de fogo no topo do monte Carmelo. Todavia, Deus seja louvado pelos poucos que se importam; aqueles que, apesar de amarem o altar e alegrarem-se com o sacrifício, ainda são incapazes de se conformar com a ausência contínua do fogo. Eles desejam a Deus mais do que tudo e estão sedentos para experimentar, por si mesmos, a doçura penetrante do amor de Cristo, sobre quem todos os santos profetas escreveram e os salmistas cantaram.

Hoje, não faltam professores para ensinar a Bíblia e apresentar corretamente os princípios das doutrinas cristãs. Contudo, muitos deles parecem satisfeitos em ensinar os fundamentos da fé ano após ano, estranhamente alheios ao fato de não haver manifestação da presença de Deus em seus ministérios, nem algo diferente em suas vidas privadas. Eles ministram o tempo todo a fiéis que sentem em seu âmago um desejo por algo que tais ensinos simplesmente não satisfazem.

Acredito ser compassivo quando digo que a insuficiência dos nossos púlpitos é real. A horrível frase de Milton se aplica aos nossos dias tão bem quanto se aplicou aos dele: "As ovelhas famintas buscam, mas não são alimentadas".[1]

É muito sério, e muito vergonhoso para o Reino, ver os filhos de Deus morrerem de fome sentados à mesa do Pai. A verdade das palavras de Wesley está diante de nossos olhos:

> A ortodoxia, ou a opinião correta, é, na melhor das hipóteses, uma parte diminuta da religião. Apesar de os sentimentos corretos não conseguirem sobreviver sem as opiniões

---

[1] N. T.: John Milton, *Lycidas*, 1637.

corretas, as opiniões corretas conseguem sobreviver sem os sentimentos corretos. É possível ter uma opinião correta sobre Deus sem amor ou sem qualquer sentimento correto por Ele. Satanás é a prova disso.[2]

Graças às nossas esplêndidas sociedades bíblicas e a outras agências eficientes na disseminação da Palavra, hoje existem milhões de pessoas que têm "opiniões corretas" — talvez mais do que nunca na história da Igreja. Ainda assim, pergunto-me se já houve um tempo no qual a verdadeira devoção espiritual esteve tão precária. Grande parte da Igreja perdeu completamente a arte da adoração, e no lugar dela temos algo estranho e curioso chamado programação de culto. Tomaram esse termo emprestado do teatro e aplicaram-no com pouca sabedoria ao culto público que, agora, acreditamos ser adoração.

A exposição bíblica bem fundamentada é indispensável na Igreja do Deus vivo. Sem ela, nenhuma pregação pode ser considerada neotestamentária em qualquer sentido estrito do termo. Porém, atualmente, os sermões têm sido feitos de forma que os cristãos ficam desprovidos de qualquer alimento espiritual verdadeiro; afinal, não são as meras palavras que nutrem a alma, mas o próprio Deus; e, até que os ouvintes tenham uma experiência pessoal de encontro com Ele, não estarão em uma situação melhor por terem apenas escutado a Verdade. A Bíblia não é um fim em si mesma, mas um meio de levar os homens ao conhecimento íntimo e satisfatório do Altíssimo — para que eles estejam n'Ele, deleitem-se em Sua presença, e experimentem e conheçam, no mais profundo dos seus corações, a doçura que habita o íntimo do Deus verdadeiro. Este livro é uma tentativa humilde de auxiliar os filhos que têm fome do Senhor a encontrá-lO. A única novidade por aqui talvez seja uma descoberta, feita pelo meu próprio coração, de realidades espirituais que são

---

[2] N. T.: trecho da carta de John Wesley ao Reverendo Vincent Perronet, intitulada *A plain account of the people called Methodists*, escrita em 1748.

demasiado agradáveis e maravilhosas para mim. Outros, antes de mim, foram muito mais longe do que eu nesses santos mistérios; no entanto, apesar de o meu ardor não queimar tanto, ele é real, e talvez algumas pessoas consigam acender suas velas nessas chamas.

— A. W. TOZER
Chicago, Illinois
16 de junho de 1948

INTRODUÇÃO

Este é um estudo magistral sobre o íntimo de um coração sedento por Deus, ávido por compreender pelo menos uma pequena parte dos Seus planos, as bordas dos Seus caminhos (cf. Jó 26.14), do Seu grande amor pelos pecadores e da imensidão da Sua inigualável majestade. E foi escrito por um ativo pastor de Chicago!

É difícil imaginar Davi escrevendo o salmo 23 num polo cheio de relevância econômica como a South Halsted Street[1], ou um místico medieval encontrando inspiração em um pequeno escritório, no segundo andar de uma casa de madeira localizada entre as extensas ruas que formavam um tabuleiro de xadrez infinito:

> Onde os turbulentos caminhos da vida se cruzavam,
> Onde se ouviam os gritos de diferentes raças e tribos,

---

[1] N. T.: South Halsted Street é uma rua extremamente importante para a história de Chicago, devido à imigração e ao desenvolvimento em 1911.

> Em antros de miséria e escassez,
> Em passagens escurecidas pela sombra do medo,
> E em caminhos onde se escondiam a cobiça e as suas tentações.[2]

Mas, assim como o Dr. Frank Mason North, de Nova York, declarou nesse poema imortal, A. W. Tozer também clamou nesta obra:

> Acima do ruído dos embates egoístas
> Ouvimos Tua voz, Ó Filho do Homem.[3]

Meu relacionamento com Tozer limitou-se a rápidas visitas, repletas de amor fraternal, à sua igreja. Ali, descobri um acadêmico autodidata, um leitor voraz — com uma considerável biblioteca composta de livros teológicos e devocionais — e um indivíduo disposto a virar a noite em busca de Deus. Seu livro é fruto de longas meditações e muitas orações, não uma coleção de sermões. Não discorre sobre o ministro nem sobre a congregação, mas sobre a alma que tem sede do Senhor. Os capítulos poderiam ser resumidos com a oração de Moisés: "[...] Peço que me mostres a tua glória" (Êxodo 33.18), ou com a exclamação de Paulo:

> *Ó profundidade da riqueza, tanto da sabedoria como do conhecimento de Deus! Quão inexplicáveis são os seus juízos, e quão insondáveis são os seus caminhos.*
> (Romanos 11.33)

Não é uma teologia intelectualizada, mas, sim, do coração.

O livro também contém um conhecimento profundo, um estilo sóbrio e uma mentalidade abrangente que são revigorantes. O autor

---

[2] Frank Mason North, *Where cross the crowded ways of life*, 1905.
[3] *Ibidem.*

faz poucas citações, mas conhece os santos e os místicos da história da Igreja — Agostinho, Nicolau de Cusa, Tomás de Kempis, von Hüguel, Finney, Wesley e muitos outros. Os dez capítulos nos levam à reflexão, e as orações ao final de cada um deles devem ser feitas no secreto, não em público. Senti que Deus estava perto de mim durante essa leitura.

Esta é uma obra para todos os pastores, missionários e cristãos devotos. Ela fala das profundezas do Senhor e das riquezas da Sua graça. E, acima de tudo isso, seu tom é sincero e humilde.

— SAMUEL M. ZWEMER
Cidade de Nova York

Capítulo 1

APEGADOS A DEUS

A minha alma apega-se a ti; a tua mão direita me sustém.
(Salmos 63.8 – NVI)

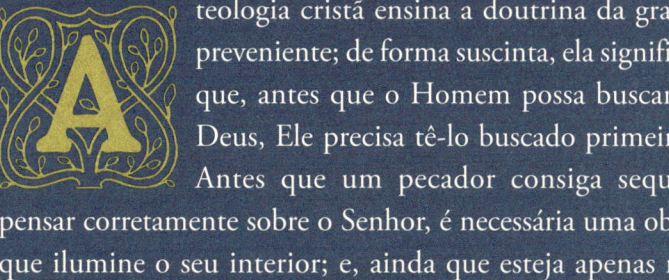

A teologia cristã ensina a doutrina da graça preveniente; de forma suscinta, ela significa que, antes que o Homem possa buscar a Deus, Ele precisa tê-lo buscado primeiro. Antes que um pecador consiga sequer pensar corretamente sobre o Senhor, é necessária uma obra que ilumine o seu interior; e, ainda que esteja apenas no início, essa obra é real. Ela é a fonte secreta de qualquer fervor, busca e oração subsequente.

Capítulo 1 | APEGADOS A DEUS

O único motivo de buscarmos a Deus é porque Ele primeiro colocou em nós um anseio que nos impulsiona a esse objetivo. "Ninguém pode vir a mim, [...]", disse o Senhor, "se o Pai, que me enviou, não o trouxer [...]" (João 6.44). É devido a essa atração preveniente que qualquer vestígio de crédito pelo ato de irmos até Sua presença é retirado de nós. Esse impulso tem origem no Altíssimo, mas, somente quando O seguimos, apegamo-nos a Ele. Sempre que O buscamos, já estamos nas Suas mãos: "[...] a tua mão direita me sustém" (Salmos 63.8 – NVI).

Não há contradição entre o "sustento" divino e o "apego" humano. Tudo vem d'Ele. Como ensina Von Hügel[1], Ele é sempre precedente. Na prática, no entanto — isto é, quando a obra prévia divina e a resposta humana convergem no presente —, o Homem necessita buscar ao Senhor. Ou melhor, se Deus nos atrai secretamente e nos proporciona uma experiência real com o divino, a nossa resposta deve ser favorável. Em uma linguagem terna e afetiva, lemos isso em Salmos 42:

> *Assim como a corça suspira pelas correntes das águas, assim, por ti, ó Deus, suspira a minha alma. A minha alma tem sede de Deus, do Deus vivo. Quando irei e me apresentarei diante da face de Deus?* (vs. 1-2)

Esse é um intenso apelo por profundidade, e o coração que por Ele suspira o compreenderá.

A doutrina da justificação pela fé — uma verdade bíblica e um abençoado alívio do legalismo estéril e do esforço próprio inútil —, hoje, anda mal acompanhada e é interpretada, por muitos, de forma a impedir que o Homem conheça a Deus. Transformaram todo o

---

[1] N. E.: filósofo católico romano e autor precursor do renascimento realista na filosofia e do estudo teológico do sentimento religioso.

movimento da conversão religiosa em algo mecânico e indiferente. Agora, as pessoas vivem a sua fé sem um pingo de consideração pela vida moral e sem qualquer constrangimento pelo seu ego adâmico. Podem receber Cristo sem que sua alma tenha desenvolvido um amor especial por Ele. O Homem é salvo, mas não tem fome nem sede de conhecer Quem o salvou. Na verdade, ele é especificamente ensinado a estar satisfeito e encorajado a se contentar com pouco.

Os cientistas modernos perderam Deus em meio às maravilhas de Seu mundo; e nós, cristãos, corremos o risco de cair no mesmo erro. Quase nos esquecemos de que Ele é uma Pessoa com a qual podemos cultivar um relacionamento, da mesma forma que fazemos com qualquer ser humano. A capacidade de conhecer outros indivíduos é inerente à nossa natureza, mas não conseguimos obter conhecimento pleno de outros seres se só interagirmos com eles uma vez. Somente após uma longa e apaixonada troca de ideias é que a completude das potencialidades dos envolvidos pode ser explorada.

Todas as relações sociais são consequência de como um responde ao outro, desde o contato mais superficial e casual até a união mais profunda e íntima de que a alma humana é capaz. Se for genuína, a religião é essencialmente a resposta das criaturas à Pessoa Criadora. "E a vida eterna é esta: que conheçam a ti, o único Deus verdadeiro, e a Jesus Cristo, a quem enviaste" (João 17.3).

Deus é uma Pessoa e, na profundidade da Sua poderosa natureza, pensa, deseja, aprecia, sente, ama, anseia e sofre como qualquer outra. Ao se fazer conhecido, Ele mantém o padrão familiar da pessoalidade e Se comunica conosco por meio das nossas mentes, desejos e emoções. A troca fácil e contínua de amor e de considerações entre o Senhor e a alma do homem redimido é o coração da religião do Novo Testamento.

Experimentamos a união entre ambos por meio de uma percepção pessoal consciente. Pessoal, por não acontecer em virtude do ajuntamento dos fiéis em si, mas ser uma experiência tanto

Capítulo 1 | APEGADOS A DEUS

individual como coletiva — por causa daqueles que se reúnem como Corpo de Cristo; e consciente, de maneira que não está fora do limiar da consciência. O seu desenvolvimento não é ignorado pela alma (como alguns pensam ser o caso do batismo infantil), mas faz parte do campo da percepção, no qual o Homem pode conhecer a Deus da mesma forma que conhece os outros fatos da experiência humana.

Você e eu somos em pequena medida (com exceção dos nossos pecados) o que Deus é em muita. Fomos feitos à Sua imagem (cf. Gênesis 1.26) e, por isso, temos a capacidade de conhecê-lO. Ao velho homem pecador falta o poder para isso. Porém, no momento em que o Espírito Santo nos vivifica por meio da regeneração, todo o nosso ser percebe nossa ligação com o Senhor, e esse reconhecimento nos faz saltar de alegria. Esse é o novo nascimento, sem o qual não veremos o Reino de Deus (cf. João 3.3). No entanto, isso não é o fim, mas um começo. Pois é agora que se inicia a gloriosa busca, a investigação jubilosa que o nosso coração faz das Suas infinitas riquezas. Esse é o ponto de partida, mas nenhum homem descobriu até onde podemos ir, pois não há limite para a profundeza formidável e misteriosa do Deus trino. Como dito por Frederick W. Faber:

> Deus infinito, quem vos pode mensurar?
> Estais cercado pela eternidade,
> Senhor majestoso![2]

Encontrá-lO e continuar a buscá-lO é o amor paradoxal que a nossa alma vivencia e que, de fato, é desprezado pelos religiosos que se satisfazem com pouco, mas legitimado pela experiência alegre dos filhos cujos corações ardem por Cristo. São Bernardo de Claraval registrou esse santo paradoxo em versos musicais que todo coração adorador logo compreende:

---

[2] Frederick William Faber, *Majesty Divine*.

> Nós o experimentamos, Ó Pão da Vida
> E sempre ansiamos Teu banquete;
> Bebemos de Ti, o Manancial
> E nossas almas sedentas se enchem de Ti.[3]

Aproxime-se dos santos homens e mulheres do passado e logo perceberá o quanto desejavam ardentemente o Senhor. Dia e noite, oravam a Ele, choravam, batalhavam e O buscavam, em tempo e fora de tempo. E, ao alcançá-lO, a longa busca tornava o encontro ainda mais especial. Moisés usou o fato de conhecer a Deus como argumento para conhecê-lO ainda mais: "Agora, se alcancei favor diante de ti, peço que me faças saber neste momento o teu caminho, para que eu te conheça e obtenha favor diante de ti [...]" (Êxodo 33.13); e, então, avançou para fazer um pedido ousado: "[...] Peço que me mostres a tua glória" (Êxodo 33.18). Deus realmente Se agradou dessa demonstração de fervor e, no dia seguinte, chamou Moisés ao monte. Ali, numa caminhada solene, passou diante dele com toda a Sua glória.

A vida de Davi foi repleta de anseio espiritual, e seus salmos ecoam o clamor daquele que busca a Deus e o brado de alegria de quem O encontra. Paulo confessou que o seu desejo ardente por Cristo o guiava. Querer "conhecer a Cristo" (cf. Filipenses 3.10) era o objetivo da sua vida, e, para alcançá-lo, ele sacrificou tudo. "Na verdade, considero tudo como perda, por causa da sublimidade do conhecimento de Cristo Jesus, meu Senhor. Por causa dele perdi todas as coisas e as considero como lixo, para ganhar a Cristo" (Filipenses 3.8).

A hinologia é repleta desse doce anseio pelo Senhor, o Deus a quem o cantor busca sabendo que já encontrou. "Seu caminho vejo e persigo"[4], nossos pais cantaram há apenas uma geração, mas não ouvimos mais esse louvor no culto. Que tristeza perceber que, nestes

---

[3] Bernard of Clairvaux, *Jesus, thou joy of loving Hearts*.
[4] John Cennick, *Jesus, my all, to heaven is gone*.

Capítulo 1 | APEGADOS A DEUS

dias sombrios, os nossos professores O buscaram em nosso lugar. Tudo o que acontece tem como objetivo o ato inicial de "aceitar" Cristo (um termo que, por acaso, não é bíblico) e ninguém espera, depois disso, que desejemos qualquer revelação adicional que Deus tenha para nós. Estamos presos na espiral de uma lógica espúria que insiste em afirmar que, se O encontramos, não precisamos mais procurá-lO. Isso é colocado para nós como a última palavra dentro da ortodoxia, e eles presumem que nenhum outro cristão que aprendeu por meio da Bíblia acreditou em algo diferente disso.

> Encontrá-lO e continuar a buscá-lO é o amor paradoxal que a nossa alma vivencia e que, de fato, é desprezado pelos religiosos que se satisfazem com pouco.

Nesse sentido, todo o testemunho da igreja que adora, busca e louva é obviamente deixado de lado. Baseada na experiência, a teologia do coração, praticada por um grandioso exército de santos piedosos, é rejeitada em favor de uma interpretação das Escrituras que é presunçosa e que, com certeza, soaria estranha a Agostinho, a Rutherford ou a Brainerd.

Em meio a esse grande esfriamento, existem algumas pessoas (que me alegro em reconhecer) que não se contentam com essa lógica superficial. Elas identificam a força do argumento e, depois, retiram-se com lágrimas nos olhos para procurar um lugar afastado e orar: "Ó Deus, peço que me mostre a Sua glória". Elas querem experimentar, tocar com o coração, ver com os olhos d'alma o quão maravilhoso é o Senhor.

Quero encorajar deliberadamente esse anseio por Deus. Foi a ausência dele que nos trouxe ao estado mórbido que vivemos hoje. Nossa vida religiosa é engessada e insensível devido a essa falta de desejo santo. A complacência é um inimigo mortal de todo crescimento espiritual. É necessário que um fervor pungente esteja presente, ou Cristo não se manifestará ao Seu povo. Deus espera ser desejado. É uma pena que Ele espere por tanto, tanto tempo em vão, por muitos de nós.

Cada época possui características próprias. No momento, estamos em um período de complexidade religiosa. A simplicidade que encontramos em Cristo raramente está entre nós. No lugar dela, estão planejamentos, métodos, organizações e um mundo de programações estressantes que ocupam nosso tempo, mas jamais satisfarão os anseios do coração. Nossa experiência pessoal superficial, nossa adoração vazia e a forma desprezível como imitamos o mundo — que caracteriza os procedimentos que utilizamos para nos promover — testificam que, em nossos dias, só O conhecemos de maneira imperfeita e que nossa concepção de paz divina é praticamente nula.

Se quisermos encontrar a Deus, mesmo em meio a essa superficialidade religiosa, precisaremos, primeiro, decidir encontrá-lO e, depois, seguir o caminho da simplicidade. Hoje, como sempre, Ele Se revela aos pequeninos e Se esconde completamente dos sábios e cautelosos (cf. Mateus 11.25). Precisamos simplificar a forma como O abordamos. Devemos nos restringir ao que é essencial (e, graças ao Senhor, são poucas coisas). Carecemos de nos desfazer de esforços para impressionar e de nos achegar com a inocência sincera de uma criança. Se fizermos isso, com certeza, Ele será rápido em nos responder.

Quando olhamos para a religião, vemos que precisamos de pouco além d'Ele próprio. O mau hábito de buscar a "Deus e..." é eficaz em nos impedir de encontrá-lO plenamente revelado. Nosso grande pesar está no "e...". Se omitirmos o "e...", logo O encontraremos e, n'Ele, aquilo que temos desejado secretamente a vida inteira.

> Devemos nos restringir ao que é essencial (e, graças ao Senhor, são poucas coisas).

Ao buscarmos apenas ao Senhor, não precisamos ter medo de limitar nossas vidas ou restringir o desenvolvimento de nossas crescentes paixões. É o contrário, na verdade. Somos totalmente capazes de fazer d'Ele o nosso tudo; concentrar-nos e sacrificar as muitas paixões pelo Único Deus.

O autor anônimo do curioso e antigo clássico inglês *A nuvem do não-saber* nos ensina a fazer isso:

> Eleve o teu coração a Deus com um amor humilde e vibrante; que Ele seja o seu propósito, e não Suas bênçãos. E, assim, considere abominação pensar em qualquer coisa que não o próprio Deus. Para que nada interfira na sua mente, nem na sua vontade, a não ser o próprio Deus. Essa é a obra espiritual que mais agrada ao Senhor.[5]

Mais uma vez, ele recomenda que nós nos dispamos ainda mais profundamente de tudo, até mesmo da nossa teologia, ao orarmos. "Porque basta que o foco esteja direcionado a Deus sem qualquer razão a não ser Ele mesmo".[6] No entanto, todo o seu pensamento é sustentado pelo amplo fundamento da verdade neotestamentária, visto que explica que "Ele mesmo" se refere ao "Deus que nos fez e nos comprou, e que graciosamente nos colocou nessa condição". E Ele é totalmente a favor da simplicidade.

> [Se] resumíssemos e lapidássemos [a religião] em uma palavra, visto que deverias firmar-se mais nela, consideres apenas uma pequena palavra de uma sílaba: é melhor do que duas, pois quanto menor a palavra, melhor se adequa à obra do Espírito. E tal palavra é **Deus**, ou, ainda, **amor**[7].[8]

---

[5] *A nuvem do não-saber*, capítulo 3, tradução nossa.
[6] *Ibidem*, capítulo 7, tradução nossa.
[7] N. T.: em inglês, *love* (amor) só tem uma sílaba.
[8] *A nuvem do não-saber*, capítulo 7, tradução e grifos nossos.

Quando Deus dividiu Canaã entre as tribos de Israel, Levi não recebeu um pedaço da terra. Ele simplesmente ouviu: "[...] Eu sou a sua porção e a sua herança no meio dos filhos de Israel" (Números 18.20), e, com essas palavras, Deus o fez mais rico do que todos os seus irmãos, do que todos os reis e rajás que já viveram no mundo. E há um princípio espiritual aqui, um princípio que ainda é válido para todos os sacerdotes do Altíssimo.

> O homem que tem Deus como seu tesouro possui todas as coisas reunidas em Um.

O homem que tem Deus como seu tesouro possui todas as coisas reunidas em Um. Muitos tesouros comuns podem ser negados a ele, ou, se tiver permissão para tê-los, usufruirá deles tão moderadamente que nunca serão essenciais para a sua felicidade. Ou, se precisar se desfazer deles, um de cada vez, ele mal sentirá a perda, pois tem a Fonte de todas as coisas e, assim, tem em Um toda a satisfação, todo o prazer, toda a alegria. Independentemente do que ele venha a perder, a verdade é que não perdeu nada, porque tem tudo em Um, e essa posse é pura, legítima e eterna.

Ó Deus, experimentei Sua bondade, e ela tanto me satisfez quanto me deixou sedento por mais. É doloroso perceber que preciso de mais graça. Envergonho-me do quão pouco a desejo. Ó Deus, Deus trino, quero desejá-lO; anseio que me encha de fervor; anelo que me faça ainda mais sedento. Mostra-me Sua glória, peço-Lhe que eu possa realmente conhecê-lO. Tenha misericórdia e faça em mim uma nova obra de amor. Diga à minh'alma: Levante-se, minha querida, minha linda, e venha comigo [cf. Cântico dos Cânticos 2.10]. E me dê graça para me levantar e segui-lO para além dos caminhos nebulosos por onde tenho andado há tanto tempo. Em nome de Jesus, amém.

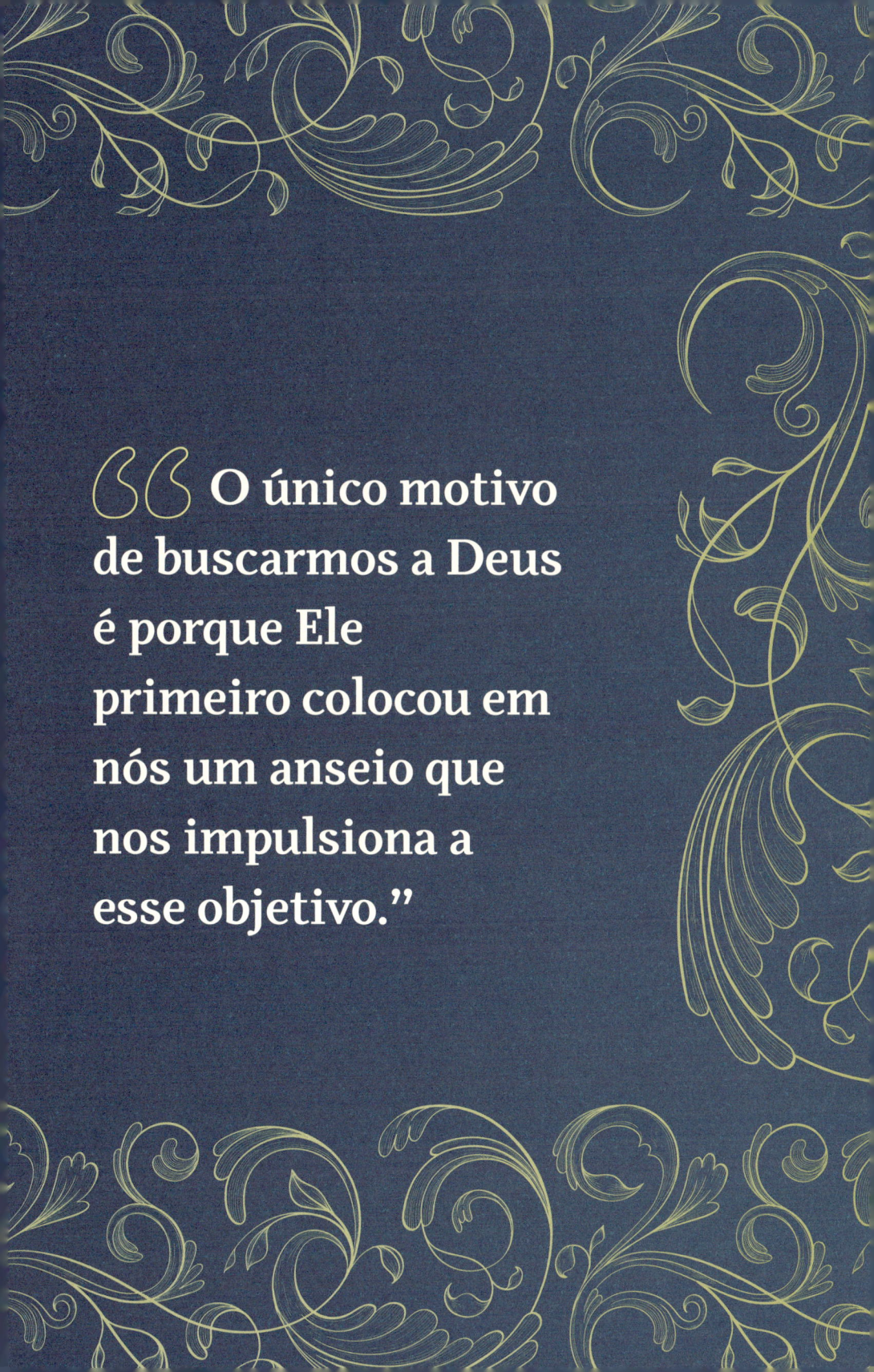

> "O único motivo de buscarmos a Deus é porque Ele primeiro colocou em nós um anseio que nos impulsiona a esse objetivo."

Capítulo 2

A BÊNÇÃO DE NADA POSSUIR

Bem-aventurados os pobres em espírito, porque deles é o Reino dos Céus. (Mateus 5.3)

Antes de colocar o Homem sobre a Terra, Deus primeiro a preparou para ele, com inúmeras criações úteis e agradáveis para o seu sustento e deleite. Em Gênesis, no relato da origem do mundo, elas são simplesmente chamadas de "coisas"[1] e foram criadas para serem usadas pelo ser humano e estarem sempre ao seu redor, subservientes a ele.

---

[1] N. T.: em português, não encontramos passagens em Gênesis que chamem as criações de Deus de "coisas". Todavia, no idioma original deste livro, o inglês, a King James Version apresenta *things* ["coisas"] no sentido proposto pelo autor: "And God saw every thing that he had made, and, behold, it was very good. And the evening and the morning were the sixth day" (Genesis 1.31).

Capítulo 2 | A BÊNÇÃO DE NADA POSSUIR

No centro do coração do homem existe um altar no qual apenas o Senhor é digno de estar. Dentro do indivíduo estava Deus; do lado de fora, os milhares de presentes que Ele derramara sobre a humanidade. No entanto, o pecado trouxe problemas e transformou Suas dádivas em fontes potenciais de ruína para a alma.

Nossas dores começaram quando o Homem tirou o Senhor do altar interior e permitiu que as "coisas" entrassem em seu coração e o dominassem. Hoje, por natureza, os seres humanos não têm paz, pois Ele já não ocupa mais aquele espaço onde Seu trono deveria estar. É nesse declínio moral que as usurpadoras, obstinadas e violentas "coisas" disputam entre si pela posição no altar.

Isso não é uma metáfora, mas uma análise certeira do nosso verdadeiro mal espiritual. O coração humano carrega a raiz dura e fibrosa da Queda, cuja essência é possuir, sempre possuir, e cobiçar as "coisas" com intensa e profunda paixão. Os pronomes "meu" e "minha" parecem inofensivos no papel, mas seu uso constante é significativo. Eles expressam a inteira natureza do velho homem adâmico melhor do que milhares de livros teológicos; são sintomas lexicais da nossa grave doença. Essa raiz em nosso interior cresceu apegando-se a coisas; e nós, temendo nossa própria morte, nem sequer ousamos arrancar uma de suas ramificações. Elas se tornaram necessárias em nossas vidas, um desdobramento que nunca fez parte do projeto original. Agora, as dádivas do Senhor tomaram o Seu lugar, e todo o curso da natureza está transtornado com essa troca abominável.

Nosso Deus Se referiu à tirania das coisas quando disse aos discípulos: "[...] Se alguém quer vir após mim, negue a si mesmo, tome a sua cruz e siga-me. Pois quem quiser salvar a sua vida a perderá; e quem perder a vida por minha causa, esse a achará" (Mateus 16.24-25).

Para melhor compreensão, esmiucemos essa verdade: parece haver dentro de cada um de nós um inimigo que toleramos por nossa conta e risco. Jesus o chamou de "sua vida" e de "si mesmo", ou, podemos dizer: a vida autossuficiente. Ela tem como principal característica a possessividade, como as palavras "ganhar" e "lucrar" sugerem. No fim, permitir que esse inimigo viva implica perder tudo. Por outro lado, repudiá-lo e renunciar ao que quer que seja em favor de Cristo significa não perder nada, mas preservar tudo até a eternidade. Além disso, temos aqui uma possível pista da única forma de destruir esse adversário: o caminho da Cruz; afinal, fomos instruídos a tomar nossa própria cruz e seguir Cristo Jesus.

Para conhecer a Deus com mais profundidade, é preciso caminhar pelos vales solitários da miséria da alma e abnegar todas as coisas. Os bem-aventurados que possuem o Reino são aqueles que repudiaram o que estava à sua volta e arrancaram de seus corações todo sentimento de posse. Eles são chamados de "pobres em espírito" (cf. Mateus 5.3), pois alcançaram uma condição interior que se iguala às condições externas dos mendicantes das ruas de Jerusalém; é isso que a palavra "pobres", usada por Cristo, realmente quer dizer. Esses pobres bem-aventurados não estão mais debaixo da tirania das coisas. Eles quebraram o jugo do opressor, não por meio de confrontos, mas ao se renderem. Apesar de estarem livres de todo sentimento de posse, ainda assim possuem tudo, uma vez que deles é o Reino dos Céus (cf. Mateus 5.3). Minha exortação é que você leve isso a sério.

Não olhe para essa verdade como um simples ensino bíblico a ser guardado na memória, junto a um aglomerado inerte de outras doutrinas. Isso é um marco na peregrinação para os pastos mais verdejantes, um caminho esculpido na encosta íngreme do monte do Senhor. Se estamos nessa santa busca, não ousemos tentar nos esquivar da rota. Precisamos galgá-la um passo por vez. Caso nos neguemos a fazer qualquer movimento de avanço, acabaremos com nosso progresso.

Como vemos com frequência, esse princípio neotestamentário de vida espiritual é mais bem ilustrado no Antigo Testamento. Na história

Capítulo 2 | A BÊNÇÃO DE NADA POSSUIR

de Abraão e Isaque, temos um retrato dramático de uma vida que se rendeu, além de um excelente comentário sobre a primeira beatitude.

Abraão era um idoso — com idade o bastante para ser avô — quando Isaque nasceu (cf. Gênesis 21.2). A partir do momento em que segurou o pequenino pela primeira vez em seus braços ainda desajeitados, algumas interpretações indicam que se tornou um prisioneiro do amor que sentia pelo filho; afinal, a realização da promessa estava bem ali, diante dos seus olhos, chamando mais atenção que Aquele que a realizou. Por mais que continuasse adorando a Deus enquanto o menino crescia, o Senhor pôs Abraão à prova (cf. Gênesis 22.1-17).

O bebê representava tudo o que era sagrado para o coração do seu pai: as promessas do Senhor, as alianças, esperanças de anos e o grande sonho messiânico. Ao ver Isaque crescer e se tornar jovem, o interior daquele senhor se alegrava cada vez mais, até que, por fim, a relação chegou a um ponto arriscado. Nesse momento, Deus intervém para salvar tanto o pai quanto o filho das consequências desse amor maculado: "[...] Pegue o seu filho, seu único filho, Isaque, a quem você ama, e vá à terra de Moriá. Ali, ofereça-o em holocausto, sobre um dos montes, que eu lhe mostrar" (Gênesis 22.2).

O escritor veterotestamentário nos poupou dos detalhes agonizantes daquela noite, nas terras próximas à Berseba, quando Abraão conversou com Deus. Porém, podemos imaginar, com respeito e temor, a figura prostrada e o intenso martírio solitário sob as estrelas. É bem provável que uma dor tão insuportável só tenha tocado a alma humana novamente quando Aquele que é maior que Abraão sofreu no jardim do Getsêmani (cf. Mateus 26.36-46). Seria muito melhor se, ao menos, Abraão fosse o escolhido para morrer, porque já era idoso, e, para alguém que andava com Deus há tanto tempo, isso não seria uma grande provação. Além disso, teria sido um último e afável prazer se Ele permitisse que sua visão turva repousasse sobre seu filho saudável, aquele que viveria para perpetuar a linhagem abraâmica, e que seria usado para cumprir Suas promessas feitas há muito tempo, em Ur dos caldeus (cf. Gênesis 12.2-3).

Contudo, como ele mataria o rapaz? Mesmo que o seu coração ferido e contencioso permitisse, como conciliaria esse ato com a promessa: "[...] Faça tudo o que Sara disser, porque por meio de Isaque será chamada a sua descendência" (Gênesis 21.12)? Essa foi a prova de fogo de Abraão, e ele não fraquejou. Enquanto as estrelas ainda cintilavam afiadas, pontilhando o céu de branco sobre a tenda onde Isaque dormia, e muito antes de o amanhecer cinzento começar a iluminar o leste, o santo ancião já havia se decidido. Ofereceria o seu filho como Deus ordenara, crendo que Ele o ressuscitaria dos mortos.

De acordo com o autor do livro de Hebreus, essa foi a solução encontrada, em algum momento daquela noite escura, pelo coração sofrido de Abraão, que acordou cedo para levar o plano adiante. É lindo ver que, por mais que tenha se equivocado quanto ao método que Deus usaria, ele teve a percepção correta quanto à intenção do Altíssimo. E a conclusão condiz com as Escrituras neotestamentárias: "[...] e quem perder a vida por minha causa, esse a achará" (Mateus 16.25).

Deus deixou Abraão seguir com o planejado até não haver mais volta e, então, proibiu que ele tocasse no rapaz. Para o confuso patriarca, é como se, para todos os efeitos, o Senhor dissesse: "Está tudo bem, Abraão. Jamais considerei realmente matar o menino. Queria apenas retirá-lo do templo do seu coração para que ali Eu reine como soberano. Eu desejava corrigir a perversão que havia em seu amor. Agora, pode ficar com o rapaz, ele está são e salvo. Volte para a sua tenda e leve-o consigo. Já sei que você é temente a Mim, pois não me negou seu filho, seu único filho".

Por meio do Anjo do Senhor, Ele disse:

> *[...] Porque você fez isso e não me negou o seu filho, o seu único filho, juro por mim mesmo, diz o Senhor, que*

Capítulo 2 | A BÊNÇÃO DE NADA POSSUIR

> *certamente o abençoarei e multiplicarei a sua descendência como as estrelas dos céus e como a areia que está na praia do mar. Sua descendência tomará posse das cidades dos seus inimigos. Na sua descendência serão benditas todas as nações da terra, porque você obedeceu à minha voz.* (Gênesis 22.16-18)

Em idade avançada, o homem de Deus levantou a cabeça para responder à Voz e permaneceu ali no santo, forte e grandioso monte. Alguém marcado pelo Senhor para experimentar um relacionamento único, ser amigo e favorecido pelo Altíssimo. Agora, ele estava completamente rendido, era totalmente obediente e nada possuía. Provou que seu foco não estava no amor ao filho, mas no temor a Deus. O Senhor poderia ter começado pelos detalhes periféricos da vida de Abraão para, gradualmente, alcançar o centro e encontrar a prova de seu temor, mas preferiu ir direto ao ponto e acabar com a possível idolatria, arrancando-a em um único e preciso golpe. Ao agir assim, Ele economizou recursos e tempo. Infligiu uma dor brutal, mas eficaz.

Comentei que Abraão nada possuía. No entanto, esse pobre homem não era rico? A totalidade do que tinha antes do possível sacrifício do seu filho ainda era sua para dela usufruir: as ovelhas, os camelos, rebanhos e bens de todos os tipos. Ele também tinha uma esposa, amigos e — o melhor — seu filho Isaque seguro ao seu lado. Abraão tinha tudo, mas nada possuía — aqui está o segredo espiritual, a doce teologia do coração, que só pode ser aprendida na escola da renúncia. Os livros de teologia sistemática desconsideram essa verdade, mas os sábios a compreenderão.

Depois daquela experiência dolorosa e abençoada, acredito que as palavras "meu" e "minha" nunca mais representaram o mesmo sentido para Abraão. Aquele sentimento de posse expressado por elas já não existia mais dentro dele. As coisas haviam sido expulsas dali para sempre e, então, tornaram-se periféricas a ele. O homem interior estava livre delas. O mundo dizia: "Abraão é rico", mas o velho patriarca apenas sorria. Ele não conseguiria explicar, mas sabia que nada possuía. Suas verdadeiras riquezas eram internas e eternas.

Não pode haver dúvidas de que o apego possessivo às coisas é um dos hábitos mais prejudiciais nesta vida, porque é tão natural que raramente o reconhecemos como o verdadeiro mal que é, mas suas consequências são trágicas. Com frequência, evitamos renunciar às nossas riquezas pelo Senhor, porque tememos pela segurança delas. Isso é especialmente verdade quando essas riquezas são os familiares e amigos que amamos. Contudo, não precisamos acolher esse tipo de medo. Nosso Senhor não veio para destruir, mas para salvar. Tudo o que entregamos a Deus está seguro; porém, nada está, de fato, protegido se não foi completamente entregue.

Também devemos confiar a Ele os nossos dons e talentos. Precisamos reconhecê-los pelo que são: um empréstimo que o Senhor nos fez; por isso, jamais deveriam ser considerados nossos em qualquer sentido. Não temos direito algum de querer levar o crédito pelas nossas habilidades especiais, assim como não o temos por nossos olhos azuis ou por nossa forte estrutura óssea: "Pois quem é que faz com que você sobressaia? E o que é que você tem que não tenha recebido? [...]" (1 Coríntios 4.7).

> Abraão tinha tudo, mas nada possuía — aqui está o segredo espiritual, a doce teologia do coração, que só pode ser aprendida na escola da renúncia.

O cristão que está atento o suficiente para se conhecer, mesmo que só um pouco, perceberá os sintomas da mazela do sentimento de posse e sofrerá ao encontrá-los em seu ser. Se tiver um anseio forte o bastante para buscar a Deus, tentará resolver o problema. Mas como encontrará as soluções?

Capítulo 2 | A BÊNÇÃO DE NADA POSSUIR

Primeiro, ele deve abaixar as defesas, sem tentar justificar-se — nem para si, nem para Deus. Todo aquele que age em defesa própria terá apenas a si mesmo como defensor. Porém, se vier indefeso diante do Senhor, sua defesa será feita por ninguém menos do que o próprio Deus. Deixe o cristão questionador passar por cima de todas as artimanhas inconsistentes do seu coração enganador e insistir em um relacionamento verdadeiro e aberto com o Senhor.

Em segundo lugar, ele precisa se lembrar de que esse é um assunto sagrado. Não adiantará tratá-lo com displicência ou de forma casual. Ele precisa se achegar a Deus determinado a ser ouvido; deve insistir que o Senhor o aceite por inteiro, que arranque "as coisas" do seu coração e reine ali em poder. Talvez o cristão precise ser específico, identificando as coisas e as pessoas pelo nome, uma por uma. Se ele resolver levar a situação ao extremo, pode diminuir o tempo da sua labuta de anos para minutos, e entrar nas terras aprazíveis antes de seus irmãos mais vagarosos, que protegem os próprios sentimentos e insistem em ser cautelosos em seu relacionamento com Deus.

Não nos esqueçamos de que não se aprende esse tipo de conhecimento memorizando-o, como faríamos com os conteúdos de Física. Ele precisa ser vivido antes que se possa conhecê-lo. Precisamos, em nossos corações, viver por meio das duras e amargas experiências de Abraão, se quisermos conhecer as bênçãos que decorrem delas. A antiga maldição não será desfeita sem dor; a velha e intensa avareza dentro de nós não vai obedecer às nossas ordens e morrer. Ela precisa ser desarraigada do nosso coração, como uma planta é do solo. Deve ser extraída em meio ao sangue e à agonia, como se estivéssemos arrancando um dente da boca. Expulsa de nossas almas

> Não temos direito algum de querer levar o crédito pelas nossas habilidades especiais, assim como não o temos por nossos olhos azuis ou por nossa forte estrutura óssea.

39

com violência, assim como Cristo expulsou os cambistas do templo (cf. Mateus 21.12); e precisaremos nos preparar para enfrentar suas lamentáveis súplicas, identificando suas origens na autocomiseração, um dos pecados mais repreensíveis do coração humano.

Se de fato conhecêssemos a Deus e crescêssemos em intimidade com Ele, seguiríamos o caminho da renúncia. E, quando começamos a buscá-lO, essa prova nos é aplicada, cedo ou tarde. A provação de Abraão não foi, à época, percebida por ele dessa forma. No entanto, se tivesse trilhado outro caminho além daquele que escolheu, toda a história do Antigo Testamento teria sido diferente. Deus encontraria o Seu homem para tal tarefa, sem dúvida, mas a perda para Abraão seria mais do que trágica. Portanto, seremos provados, um por um, talvez sem nunca nos darmos conta do momento da prova. Naquela hora, não teremos centenas de opções — apenas uma correta e uma alternativa, mas todo o nosso futuro será condicionado pela escolha que fizermos.

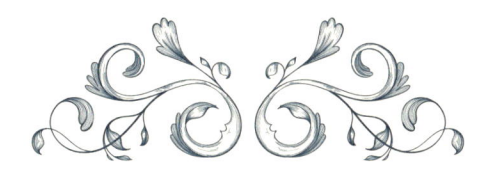

Pai, quero conhecê-lO, mas meu covarde coração teme abrir mão dos prazeres. Não posso me desfazer deles sem sangrar internamente e não estou tentando esconder do Senhor o quão horrível é essa separação. Ao Senhor, venho trêmulo, mas venho. Por favor, arranque do meu interior tudo aquilo que tenho estimado por tanto tempo que já se tornou parte de quem sou, para que, assim, o Senhor possa entrar nele e fazer morada, sem um rival sequer. Que faça gloriosa a habitação dos Seus pés. E que meu coração não sinta necessidade do brilho do sol, pois o Senhor será a sua luz, e nele já não haverá mais noite. Em nome de Jesus, amém.

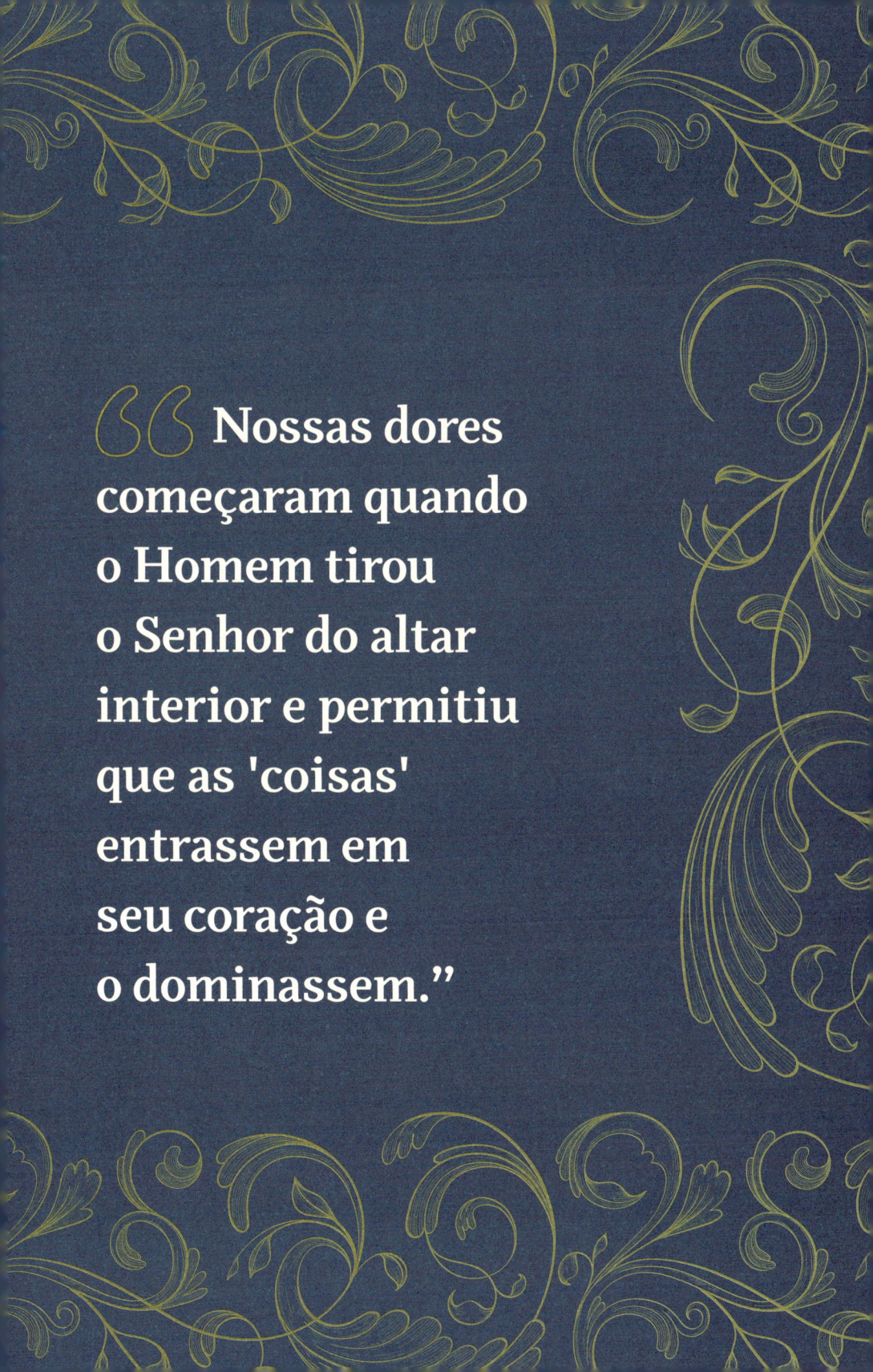

> "Nossas dores começaram quando o Homem tirou o Senhor do altar interior e permitiu que as 'coisas' entrassem em seu coração e o dominassem."

Capítulo 3

REMOVENDO O VÉU

Portanto, meus irmãos, tendo ousadia para entrar no Santuário, pelo sangue de Jesus. (Hebreus 10.19)

Entre as famosas frases dos pais da Igreja, nenhuma é mais conhecida do que a de Agostinho: "[...] porque nos fizeste para ti, e o nosso coração está inquieto enquanto não encontrar em ti descanso".[1] Santo Agostinho afirma, em poucas palavras, a história da origem e da essência da humanidade.

---

[1] N. E.: Agostinho, *Confissões*, 2012.

Deus nos criou para Si: essa é a única explicação que satisfaz o cerne de um homem racional, independentemente do que a sua rebeldia possa dizer. Se uma educação medíocre e um raciocínio perverso levarem alguém a concluir o oposto disso, há pouco que os cristãos possam fazer por ele. Para tal indivíduo, nada tenho a dizer. Meu apelo é direcionado àqueles que foram previamente ensinados, em segredo, pela sabedoria do Senhor. Falo aos íntimos sedentos, cujos anseios foram despertados pelo toque de Deus e, por isso, não precisam de provas racionais. Seus corações inquietos fornecem todas as provas de que necessitam.

Deus nos fez para Si. O livro *Breve catecismo*, "formulado pela respeitável assembleia de teólogos em Westminster", como aponta a antiga Cartilha da Nova Inglaterra[2], fez as clássicas perguntas sobre o significado e o propósito da vida, e respondeu a cada uma delas em uma frase curta que dificilmente se iguala a qualquer outra obra não inspirada. "Pergunta: Qual é o fim principal do homem? Resposta: O fim principal do homem é glorificar a Deus, e alegrar-se nele para sempre".[3] Com isso concordam os vinte e quatro anciãos que se prostram com o rosto em terra para adorar Aquele que vive eternamente, dizendo:

> *Tu és digno, Senhor e Deus nosso, de receber a glória, a honra e o poder, porque criaste todas as coisas e por tua vontade elas vieram a existir e foram criadas.* (Apocalipse 4.11)

Deus nos fez para o Seu prazer. E fez de tal forma que nós, assim como Ele, podemos, em comunhão divina, deleitar-nos na

---

[2] N. E.: primeira cartilha de leitura projetada para as colônias norte-americanas; promoveu a alfabetização, fez proliferar a educação compulsória e solidificou uma ética calvinista na América do Norte colonial.
[3] N. E.: Assembleia de Westminster, *O breve catecismo de Westminster*, 2019.

interação agradável e misteriosa entre pessoas semelhantes. Seu desejo era que olhássemos para Ele, vivêssemos ao Seu lado e tirássemos do Seu sorriso a força para viver, mas fomos culpados dessa "sórdida revolta", da qual Milton fala quando descreve a rebelião de Satanás e seus demônios.[4] Estamos separados de Deus. Paramos de obedecer-Lhe e amá-lO, e, tomados pela culpa e pelo medo, fugimos para o mais distante possível da Sua presença. Porém, quem pode executar tal tarefa se os mais altos Céus não podem contê-lO (cf. 2 Crônicas 6.18)? Quando, como a Sabedoria de Salomão[5] testifica, "o Espírito do Senhor enche o mundo"[6]?

A onipresença de Deus é uma coisa — e é um fato solene indispensável para a perfeição divina —; já a manifestação da Sua presença é outra totalmente diferente, e foi dela que fugimos, como Adão, para nos escondermos entre as árvores do jardim (cf. Gênesis 3.8). Ou, como Pedro, encolhemo-nos clamando: "[...] Senhor, afaste-se de mim, porque sou pecador" (Lucas 5.8).

Portanto, a vida do Homem sobre a Terra é distante do ambiente no qual Ele está, arrancada daquele "centro bem-aventurado" que é a nossa morada perfeita e adequada, o primeiro patrimônio do qual nos desfizemos, cuja perda é a causa da nossa eterna inquietação.

Toda a obra de Deus na redenção tem por objetivo acabar com os efeitos trágicos dessa revolta sórdida e levar-nos de volta a um relacionamento correto e eterno com Ele. Para isso, era necessário que nossos pecados fossem eliminados de maneira plena, que uma reconciliação completa fosse efetuada, e o caminho, aberto, para que pudéssemos retornar à comunhão consciente com Deus e viver novamente diante d'Ele como no início dos tempos. Então, por meio da obra divina preveniente em nós, Ele nos move para voltarmos à origem. Percebemos isso pela primeira vez quando

---

[4] N. E.: John Milton, *Paraíso perdido*, 2016.
[5] N. T.: livro apócrifo cristão.
[6] N. T.: conferir o versículo 7 do capítulo 1 de Sabedoria de Salomão.

nossos corações inquietos sentem um desejo ardente pela Presença e dizemos para nós mesmos: "[...] Vou me arrumar, voltar para o meu pai [...]" (Lucas 15.18). Esse é o primeiro passo, e, como disse o sábio chinês Lao-Tsé[7]: "Uma longa jornada começa com o primeiro passo".

A jornada interior da nossa alma, que tem seu início na rebeldia do pecado e termina no deleite da presença de Deus, é perfeitamente ilustrada pelo Tabernáculo do Antigo Testamento (cf. Êxodo 25-30). Primeiro, o pecador arrependido entrava no pátio externo, onde oferecia um sacrifício de sangue no altar de bronze e lavava-se na bacia que ficava ali perto. Depois, atravessando o véu, ele passava para o Lugar Santo, no qual não podia entrar luz natural; mas o candelabro de ouro — que simbolizava Jesus, a Luz do Mundo — lançava sua luz suave sobre tudo. Ali, os pães da proposição também apontavam para Cristo, o Pão da Vida; e o altar de incenso era uma metáfora para a oração incessante (cf. Êxodo 40.22-33).

Apesar de os adoradores do Velho Testamento terem aproveitado suas oportunidades com Deus, ainda não haviam entrado na Presença. Outro véu separava o Lugar Santíssimo, onde, acima do propiciatório, habitava o próprio Altíssimo em formidáveis e gloriosas manifestações (cf. Êxodo 25.22). Enquanto o Tabernáculo estivesse de pé, o sumo sacerdote era o único que podia entrar — e apenas uma vez por ano —, com o sangue que ofereceria pelos seus pecados e do povo (cf. Levítico 16). Esse último véu é o mesmo que foi rasgado quando o nosso Senhor entregou o Seu espírito no Calvário (cf. Mateus 27.50-51). O autor neotestamentário explica que, ao rasgar-se, o véu abriu o caminho para que todos os adoradores do mundo entrassem, pelo novo e vivo Caminho, direto na presença de Deus (cf. Hebreus 10.19-22).

Tudo no Novo Testamento concorda com essa figura veterotestamentária. Os homens resgatados já não precisam hesitar com medo de entrar no Lugar Santíssimo. Deus quer que prossigamos para esse lugar

---

[7] N. E.: também conhecido como Lao Zi, foi um filósofo e escritor da China Antiga.

e vivamos lá toda a nossa vida. Devemos ter esse conhecimento por meio da experiência consciente — é mais do que uma doutrina para guardar, é uma vida para aproveitar a todo momento, todos os dias.

Essa chama da Presença era o cerne da ordem levítica. Sem ela, toda a mobília do Tabernáculo seria um monte de caracteres de uma língua desconhecida; não teriam sentido algum para Israel ou para nós. O principal acontecimento daquele ambiente era que Jeová estava ali; a Presença esperava atrás do véu. De igual forma, ela é o acontecimento central do cristianismo. No centro da mensagem cristã está o próprio Pai, esperando que seus filhos redimidos desenvolvam uma percepção consciente dela.

O tipo de cristianismo que temos hoje só a conhece na teoria, afinal não consegue enfatizar o privilégio atual oriundo do sacrifício de Jesus. De acordo com seus ensinos, estamos no espaço em que Deus habita circunstancialmente, mas nada é falado sobre a necessidade de experimentá-lO de fato. O desejo ardente que conduziu homens como Robert Murray M'Cheyne[8] sumiu completamente, e a geração atual de cristãos se mede a partir da regra que garante que temos acesso à Presença — por mais que não usufrua dela.

Um contentamento vergonhoso substituiu o zelo apaixonado. Ficamos satisfeitos em descansar em nossa herança por direito, graças a Jesus, e, na maioria das vezes, pouco nos importamos quanto à ausência de experiência pessoal. Quem é esse por trás do véu que habita em meio a manifestações abrasadoras? Não é outro senão o próprio Deus.

> [É] um só Deus, Pai todo-poderoso, Criador do céu e da terra, de todas as coisas visíveis e invisíveis. [É] um só Senhor, Jesus Cristo, Filho Unigênito de Deus, nascido do Pai antes de todos os séculos: Deus de Deus, luz da luz,

---

[8] N. E.: poeta e pastor, M'Cheyne teve grande influência na renovação do amor fervoroso ao Senhor na Escócia.

> Deus verdadeiro de Deus verdadeiro, gerado, não criado, consubstancial ao Pai. [E é o] Espírito Santo, Senhor que dá a vida, e procede do Pai e do Filho; e com o Pai e o Filho é adorado e glorificado.[9]

Porém, essa Santa Trindade é um Único Deus:

> [...] que adoremos um único Deus na Trindade e a Trindade na unidade. Não confundindo as pessoas, nem dividindo a substância. Porque a pessoa do Pai é uma, a do Filho é outra, e a do Espírito Santo, outra. Mas no Pai, no Filho e no Espírito Santo há uma mesma divindade, igual em glória e de coeterna majestade.[10]

Assim, em parte, os credos antigos foram desenvolvidos, e a Palavra, inspirada. Por trás do véu está o Senhor; Aquele a quem as pessoas, com estranha inconsistência, "[...] porventura, tateando, o possam achar [...]" (Atos 17.27). Ele Se revelou até certo ponto na natureza, mas perfeitamente na Encarnação. Agora, aguarda para esplandecer em plenitude arrebatadora aos humildes de espírito e aos puros de coração (cf. Mateus 5.3-8).

O mundo está perecendo por lhe faltar o conhecimento do Senhor (cf. Oseias 4.6), e a Igreja está passando fome por carecer da Sua presença. A cura instantânea para a maioria das nossas doenças espirituais seria entrarmos no lugar onde Ele habita, por meio de uma experiência espiritual, e nos tornarmos, de repente, conscientes de que estamos em Deus, da mesma forma que O temos em nós. Isso nos ergueria das nossas limitações patéticas, dilatando os nossos corações; expurgaria as impurezas das nossas vidas,

---

[9] N. T.: *Credo Niceno-Constantinopolitano*, tradução e acréscimos nossos.
[10] N. T.: *Credo de Atanásio*, tradução nossa.

assim como os insetos e fungos foram expurgados pelo fogo que queimava a sarça.

> Ao tempo, Deus não oferece homenagem alguma e, a partir dele, não sofre qualquer mudança; é imutável, isso quer dizer que nunca mudou e nunca mudará, até mesmo na menor medida.

Que vasto mundo para se percorrer, que oceano para mergulhar é o Deus e Pai de nosso Senhor Jesus Cristo. Ele é eterno, o que significa que antecede o tempo e é totalmente independente dele. O tempo começou n'Ele e terminará n'Ele. Ao tempo, Deus não oferece homenagem alguma e, a partir dele, não sofre qualquer mudança; é imutável, isso quer dizer que nunca mudou e nunca mudará, até mesmo na menor medida. Para mudar, teria de piorar ou melhorar, e Ele não pode fazer isso. Por ser perfeito, não pode Se tornar mais perfeito e, caso Se tornasse menos que perfeito, seria menor que Deus; é onisciente, isso significa que conhece, em um ato livre e descomplicado, toda matéria, todo espírito, todo relacionamento e todo acontecimento; não tem passado ou futuro. Ele é, e nenhum dos termos que classificam e limitam, usados pelas Suas criaturas, podem representá-lO. O amor, a misericórdia e a justiça são Seus, e Sua santidade é tão inefável que nenhuma comparação ou metáfora consegue expressá-la. Só o fogo consegue nos revelar uma pequena porção de entendimento.

Neste, Ele apareceu na sarça ardente (cf. Êxodo 3); na coluna de fogo, habitou durante toda a longa jornada no deserto (cf. Êxodo 13.21). O fogo que queimava entre as asas dos querubins (cf. Êxodo 37.7), no Lugar Santíssimo, era chamado de *sh^ekanyah*, a presença, ao longo dos anos da glória de Israel. E, quando o velho deu lugar ao novo, Ele veio no Pentecostes como uma chama ardente, pousando sobre cada discípulo (cf. Atos 2.1-4).

Capítulo 3 | REMOVENDO O VÉU

Baruch Spinoza[11] escreveu sobre o amor intelectual a Deus e alcançou parte da verdade. No entanto, este não contempla o maior amor ao Senhor, apenas o espiritual o faz. Ele é espírito, e só o espírito humano consegue conhecê-lO verdadeiramente. Nas profundezas do Homem essa chama precisa arder, senão ele não O ama realmente, afinal os maiores no Reino foram aqueles que superaram os outros e O amaram mais. Todos sabemos quem eles foram e, com alegria, homenageamos a profundeza e a sinceridade de sua devoção. Só temos que parar por um momento, e seus nomes logo invadem nossa mente, exalando o aroma de mirra, aloés e cássia nos palácios adornados de marfim (cf. Salmos 45.8).

Frederick Faber[12] foi uma dessas almas que ansiavam por Deus, assim como a corça anseia por águas correntes (cf. Salmos 42.1), e, à medida que Ele se revelava ao seu sedento coração, incendiava sua vida inteira com uma adoração apaixonada, que se igualava à dos serafins diante do trono (cf. Isaías 6.2-3). O seu amor pelo Senhor se estendia de igual forma às três Pessoas da Trindade. Porém, ele parecia sentir por cada uma delas um tipo especial de amor que era reservado para Aquela Pessoa apenas. A Deus Pai, ele canta:

> Ó que alegria é apenas parar e pensar em Deus!
> Refletir sobre o Seu pensamento, suspirar o Seu Nome;
> não há, na Terra, bênção maior. Pai de Cristo, a recompensa do amor! Que êxtase será, quando prostrado diante do trono me encontrar, para O olhar e olhar.[13]

Seu amor pela Pessoa de Cristo era tão intenso que ameaçava consumi-lo; queimava em seu peito como uma insanidade santa e

---

[11] N. E.: filósofo racionalista holandês do século XVII.
[12] N. E.: notável hinista e teólogo inglês.
[13] Frederick W. Faber, *My God, how wonderful Thou art*, 1849.

agradável, fluía de seus lábios como ouro derretido. Em um de seus sermões, ele disse:

> Para onde quer olhemos, na Igreja do Senhor, ali está Jesus. Ele é o princípio, o meio e o fim de tudo para nós. Para os Seus servos, não há nada bom, nada santo, nada belo, nada alegre no qual Ele não esteja presente. Ninguém precisa ser pobre, pois, se quiser, pode escolher ter Jesus como sua própria herança e riqueza. Ninguém precisa ficar abatido, pois Jesus é a alegria dos Céus, e Ele Se alegra ao adentrar corações entristecidos. Podemos exagerar quanto a muitas coisas, mas jamais o faremos quanto à nossa gratidão a Cristo ou à abundância compassiva do Seu amor por nós. Por toda nossa vida, podemos falar de Jesus e, ainda assim, jamais chegaremos ao fim das afabilidades que podemos dizer d'Ele. A Eternidade não será longa o suficiente para aprender sobre tudo o que Ele é, ou para louvá-lO por tudo o que Ele fez. Porém, isso pouco importa; pois sempre estaremos com Ele. E não desejamos nada além disso.[14]

Ao falar diretamente com nosso Senhor, ele Lhe diz:

> Amo-Te tanto, que não sei o meu êxtase controlar;
> Teu amor, como chama ardente, a minh'alma não para de queimar.[15]

O amor apaixonado que Faber sentia também se estendia ao Espírito Santo. Sua teologia não só reconhecia a divindade e plena igualdade com o Pai e o Filho, mas também O celebrava constantemente em cânticos e orações. Ele literalmente batia a testa no chão

---

[14] *Idem, All for Jesus*, 1855.
[15] *Idem, O Jesus, Jesus.*

em seus momentos insaciáveis e fervorosos de adoração à terceira Pessoa da Trindade. Em um de seus grandes hinos ao Espírito Santo, ele conclui sua devoção apaixonada assim:

> Ó Espírito, belo e temido!
> Meu coração a se constranger está
> Com todo Teu amor por nós,
> pobres pecadores, a zelar.[16]

Corri o risco de ser tedioso ao fazer as citações para mostrar, por meio de exemplos contundentes, o que me propus a dizer, a saber, que Deus é tão incrivelmente maravilhoso, tão absoluta e completamente agradável, que Ele é capaz de, sem utilizar-Se de qualquer outra coisa que não a Si mesmo, satisfazer e transbordar as mais profundas necessidades de toda a nossa natureza, independentemente do quão profunda e misteriosa ela seja.

A adoração, como Faber a experimentou — e ele é apenas uma das pessoas do enorme batalhão que não conseguiríamos contar —, jamais virá do mero conhecimento doutrinário de Deus. Os corações que estão "a se constranger" com o amor pela Trindade são aqueles que permanecem em Sua presença e, de olhos abertos, testemunham a majestade divina. Aqueles homens que o fizeram tinham uma característica que as pessoas comuns não conhecem ou compreendem: falavam com autoridade espiritual. Eles, recorrentemente, colocavam-se diante de Deus e compartilhavam o que viam lá; eram profetas, não escribas, porque estes nos contam aquilo que leram, mas aqueles, o que viram e ouviram.

Essa distinção não é imaginária. Entre o escriba que leu e o profeta que viu existe uma diferença colossal. Hoje, temos um excedente de escribas ortodoxos; mas, e os profetas? Onde estão? A rigorosa voz dos escribas se sobrepõe ao evangelicalismo, mas a Igreja aguarda a

---

[16] Idem, *The Eternal Spirit*.

suave voz do santo que atravessou o véu e testemunhou com o olho interior a maravilha que é o Senhor. Contudo, ainda assim, atravessar o véu e investir em uma experiência de vida sensível na presença de Deus é um privilégio disponível a todos os Seus filhos.

Quando a carne de Jesus foi rasgada, o véu foi removido (cf. Mateus 27.50-51). Se Deus não colocou uma barreira para nos impedir de entrar, por que permanecemos do lado de fora? Por que consentimos estar todos os nossos dias fora do Lugar Santíssimo e nunca o adentramos para olhar para o Senhor? Ouvimos o noivo dizer: "[...] mostre-me o seu rosto, deixe-me ouvir a sua voz; porque a sua voz é doce, e o seu rosto é lindo" (Cântico dos Cânticos 2.14). Sentimos que o chamado é para nós, mas, ainda assim, não conseguimos nos aproximar. Os anos passam, nós envelhecemos e nos cansamos no pátio externo do Tabernáculo. O que nos impede? Nossa resposta usual de que estamos apenas "frios" não consegue explicar todos os fatos. Existe algo mais preocupante do que a frieza do coração, algo que pode estar por trás dela e que, talvez, seja a sua causa.

> Atravessar o véu e investir em uma experiência de vida sensível na presença de Deus é um privilégio disponível a todos os Seus filhos.

O que é? O que seria senão a presença de um véu em nossos corações? Um que não foi removido como o primeiro, mas que ainda permanece ali — impedindo a luz de entrar e escondendo de nós a face de Deus. É o véu da nossa natureza humana caída, que segue vivo em nós; não foi julgado, nem crucificado, nem banido. É o entrelaçado véu da vida ensimesmada, o qual nunca reconhecemos de verdade, do qual nos envergonhamos secretamente e que, por todos esses motivos, nunca levamos diante da Cruz para ser sacrificado. Esse véu opaco não é um grande mistério, e também não é difícil identificá-lo. Só precisamos olhar para nossos próprios corações e o veremos ali, talvez com reparos, costuras e remendos, mas está ali. Ele é um inimigo das nossas vidas e uma barreira eficaz contra o nosso progresso espiritual.

Não se trata de algo belo sobre o qual nos preocupamos de falar, mas converso aqui com as almas que estão determinadas a seguir a Deus. Sei que elas não desistirão em vista de trechos obscuros e momentâneos que cortam o caminho. A urgência que Ele colocou em seus corações garantirá que sigam na busca. Elas enfrentarão os fatos, por mais desagradáveis que sejam, e suportarão a Cruz pela alegria que lhes é proposta. Por isso, tenho coragem de dar nome aos fios que se entrelaçam para formar esse véu.

São os fios refinados da vida ensimesmada, os pecados justapostos do espírito humano. Eles não são algo que fazemos, mas algo que somos. É aí que reside a sua sutileza e o seu poder. Sejamos específicos, os pecados do ego são estes: justiça própria, autopiedade, autoconfiança, autossuficiência, autoadmiração, amor a si mesmo e uma série de outros como eles. Seu lugar de habitação está nas profundezas do nosso ser e são uma parte intrínseca da nossa natureza, por isso só conseguimos enxergá-los quando Deus lança luz sobre eles. As piores manifestações desses pecados — egoísmo, exibicionismo, autopromoção — são estranhamente toleradas nos líderes cristãos, mesmo nos círculos de ortodoxia impecável. Na verdade, elas estão em tamanha evidência que muitas pessoas as identificam com o Evangelho. Creio não ser uma observação pessimista dizer que, ultimamente, elas parecem ser um pré-requisito para a popularidade em alguns setores da igreja visível. Promover o ego com a desculpa de estar promovendo Cristo é tão comum atualmente que nem sequer chama muita atenção.

Poderíamos supor que o ensino doutrinário correto — da depravação do Homem e da justificação somente por meio da morte e ressurreição de Cristo — nos livraria do poder dos pecados do ego. Contudo, não funciona dessa forma. É possível que ele viva no altar sem ser censurado, que assista à vítima ensanguentada morrer e não seja minimamente afetado pelo que vê, que lute pela fé dos reformadores e pregue o credo da salvação pela graça com eloquência — e que seja fortalecido por esses esforços. Para falar a verdade, o ego realmente parece se alimentar da ortodoxia e fica mais confortável em uma conferência bíblica do que em uma taberna. O próprio estado do nosso anseio por Deus pode lhe fornecer uma condição excelente para prosperar e crescer.

O ego é o véu opaco que esconde de nós a face do Senhor. Ele não pode ser removido somente com o ensino da Palavra, mas com uma experiência sobrenatural. De outra forma, seria como tentar ensinar a lepra a sair do nosso corpo. É necessária a ação avassaladora de Deus antes de sermos libertos; e, para isso, precisamos convidar a Cruz para fazer sua obra fatal em nossos corações. Devemos levar os pecados do ego à Cruz para que sejam julgados e nos preparar para provações e angústias parecidas, em alguma medida, com aquelas pelas quais nosso Salvador passou quando padeceu sob Pôncio Pilatos (cf. Lucas 23.1-25).

> O ego é o véu opaco que esconde de nós a face do Senhor. Ele não pode ser removido somente com o ensino da Palavra, mas com uma experiência sobrenatural.

Lembremo-nos: quando falamos que o véu se rasgou, estamos usando uma figura de linguagem; é uma imagem poética, quase agradável. No entanto, na realidade não há nada de aprazível nessa ocasião. Na experiência humana, o véu é feito de tecido espiritual vivo, composto de consciência e sensibilidade que permeiam todo o nosso ser. Tocá-lo é mexer onde sentimos dor, arrancá-lo é o mesmo que nos ferir e magoar, é fazer-nos sangrar. Dizer o oposto disso é anular a Cruz e a morte. Nunca é divertido morrer; romper com todas as coisas amáveis e deleitosas — que compõem a vida — com certeza será extremamente doloroso. Porém, foi isso que a cruz fez com Cristo, e é o que ela faria para libertar qualquer ser humano.

Temos de ser cuidadosos ao querer consertar nossa vida interior na esperança de conseguirmos rasgar o véu. Deus deve fazer tudo por nós, só precisamos nos render e confiar. É necessário confessar e repudiar a vida ensimesmada, renunciar a ela e, então, considerá-la crucificada com Cristo, tendo o cuidado, no entanto, de distinguir a "aceitação" preguiçosa da verdadeira obra de Deus. Precisamos insistir na obra que está sendo feita em nós; sendo assim, não ousamos nos contentar com apenas conhecer uma boa doutrina de crucificação do ego. Seria fazer o mesmo que Saul, ao poupar as melhores ovelhas e os melhores bois (cf. 1 Samuel 15.9).

Insista para que a obra seja feita em verdade, e assim será. O caminho da Cruz é árduo e mortal, mas também é eficaz. Ela não deixa a sua vítima pendurada no madeiro para sempre, há um momento em que chega ao fim, e a vítima sofredora morre. Depois disso, vem a glória e o poder da ressurreição. A dor é esquecida, substituída pela alegria de viver com o véu removido e de entrar em uma experiência espiritual real na presença do Deus vivo.

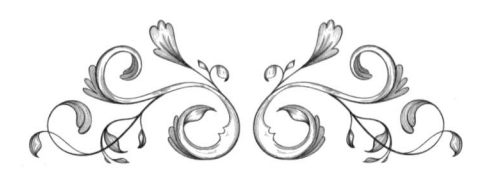

Senhor, quão excelentes são os Seus caminhos, quão tortuosos e obscuros são os dos homens. Mostre-nos como devemos morrer, para que ressuscitemos e vivamos em novidade de vida. Rasgue o véu do nosso egoísmo de cima a baixo, assim como o Senhor fez com o véu do Templo. O nosso desejo é nos achegarmos com plena certeza da fé e vivermos com o Senhor em nossas experiências diárias nesta Terra; assim, já estaremos acostumados com a glória quando adentrarmos o Seu Céu e habitarmos ali ao Seu lado. No nome de Jesus, amém.

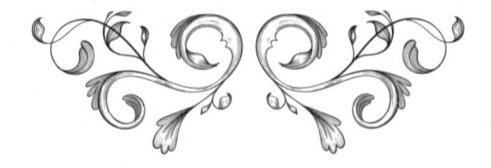

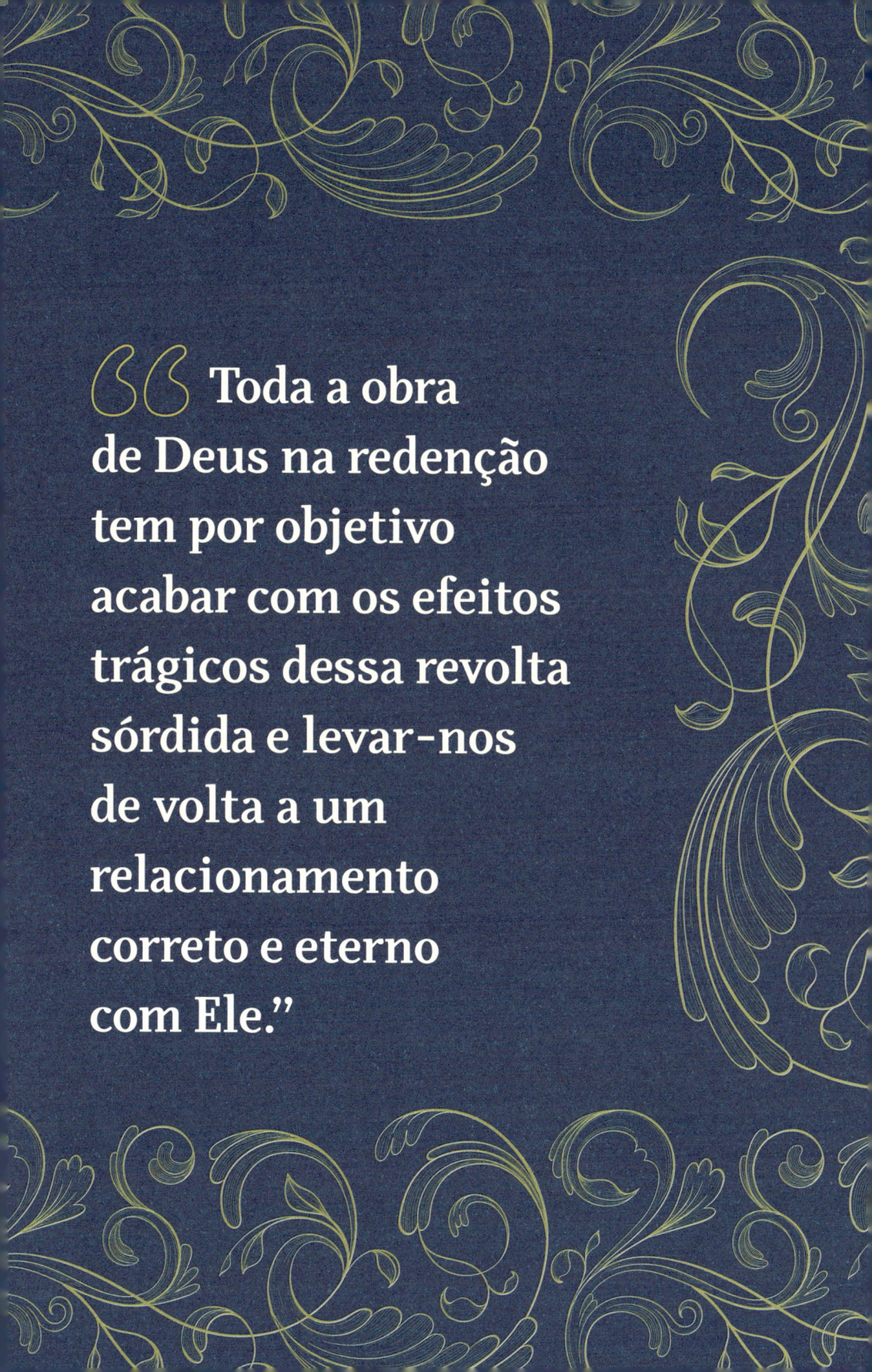

"Toda a obra de Deus na redenção tem por objetivo acabar com os efeitos trágicos dessa revolta sórdida e levar-nos de volta a um relacionamento correto e eterno com Ele."

Capítulo 4

APREENDENDO DEUS

Provem e vejam [...]. (Salmos 34.8)

Foi o cônego Holmes, da Índia, que, há mais de vinte e cinco anos, chamou a atenção para o caráter inferencial da fé que o homem comum tem em Deus.[1] Para a maioria das pessoas, o Senhor é uma inferência, e não uma realidade. Ele é deduzido a partir de evidências consideradas adequadas, mas permanece pessoalmente desconhecido para o indivíduo.

---

[1] N. E.: Walter Herbert Greame Holmes foi sacerdote da Oxford Mission na Índia e foi cônego — padre que pertence à direção ou administração de uma igreja, geralmente de uma catedral ou basílica — da Catedral de São Paulo, em Calcutá, no leste da Índia.

"Ele deve existir", dizem, "portanto, acreditamos que exista". Outras pessoas não chegam tão longe, só O conhecem de ouvir falar (cf. Jó 42.5). Nunca se preocuparam em refletir por si mesmas sobre o assunto, mas escutaram pregações a respeito do Senhor e armazenaram a crença n'Ele em seu subconsciente, ao lado das inúmeras quinquilharias que compõem todo o seu credo pessoal. Para muitas outras, Deus é apenas um ideal — um outro nome para a bondade, a beleza, ou a verdade; ou Ele é a lei, a vida, ou o impulso criativo por trás dos fenômenos existenciais.

Os conceitos sobre o divino são os mais variados, e aqueles que os abraçam têm uma coisa em comum: eles não conheceram a Deus por meio de uma experiência pessoal. A possibilidade de um relacionamento íntimo com o Altíssimo nem lhes passou pela cabeça e, por mais que admitam a Sua existência, não pensam n'Ele como cognoscível no mesmo sentido em que conhecem as coisas e as pessoas.

Os cristãos, com certeza, vão além, pelo menos em teoria. Seu credo exige que creiam na Pessoa divina; eles foram ensinados a orar: "Pai nosso, que estás nos Céus" (cf. Mateus 6.9). Os conceitos de pessoalidade e paternidade carregam consigo a ideia de um possível relacionamento particular, o que é teoricamente admitido. No entanto, para milhões de cristãos, Deus é tão real quanto para os não cristãos. Eles passam a vida inteira tentando amar um ideal e seguir um mero princípio com lealdade.

Na contramão de todas essas incertezas está a clara doutrina bíblica de que Deus pode ser conhecido por meio da experiência pessoal. Uma Pessoa amorosa rege as Escrituras, caminhando entre as árvores do jardim e exalando Seu perfume em cada cena. A todo momento, uma Pessoa real está presente, falando, pedindo, amando, trabalhando e manifestando a Si mesma — quando e onde o Seu povo estiver receptivo o suficiente para acolher essa manifestação.

A Bíblia considera evidente o fato de que a Humanidade pode conhecer a Deus com, pelo menos, o mesmo grau de proximidade com o qual se relaciona com qualquer pessoa ou coisa que perpasse o campo da sua experiência. Os mesmos termos são usados para expressar o conhecimento do Senhor e de tudo o que é físico: "Provem e vejam que o Senhor é bom; bem-aventurado é quem nele se refugia" (Salmos 34.8); "Todas as suas roupas cheiram a mirra, aloés e cássia; de palácios de marfim ressoam instrumentos de cordas que o alegram" (Salmos 45.8); "As minhas ovelhas ouvem a minha voz; eu as conheço, e elas me seguem" (João 10.27); "Bem-aventurados os limpos de coração, porque verão a Deus" (Mateus 5.8). Essas são apenas quatro das inúmeras passagens desse tipo nas Escrituras. Ainda, mais importante do que qualquer texto-prova, está o fato de toda Bíblia apontar para essa crença.

O que isso tudo significa? Que temos, em nosso coração, o meio pelo qual podemos conhecer ao Senhor exatamente da mesma forma que conhecemos tudo o que é material por intermédio dos nossos cinco sentidos. Nós apreendemos o mundo físico ao utilizarmos as faculdades que nos foram dadas para esse propósito, e temos capacidades espirituais pelas quais podemos conhecer a Deus e o mundo espiritual se obedecermos ao desejo do Espírito e começarmos a usá-las.

É indispensável saber que a obra da salvação alcançou, primeiramente, o coração. As faculdades espirituais do Homem não regenerado estão adormecidas em sua natureza, inutilizadas e, para todos os fins, mortas. Essa é a marca que o pecado deixou em nós. Elas podem ser rapidamente vivificadas pela ação do Espírito Santo na regeneração; esse é um dos incontáveis benefícios que recebemos por meio da obra expiatória de Cristo[2] na cruz.

Contudo, por que os filhos redimidos de Deus sabem tão pouco sobre essa habitual comunhão consciente com o Pai, cujas Escrituras parecem oferecer? A resposta é a nossa incredulidade crônica. A fé

---

[2] N. T.: o conceito da expiação atravessa toda a narrativa bíblica. Desde o Antigo Testamento, com o sacrifício de animais e o derramamento de sangue para perdão dos pecados, culminando no sacrifício perfeito de Cristo na cruz.

habilita o funcionamento da nossa percepção espiritual; portanto, quando a fé é fraca, o resultado será a insensibilidade interior e o entorpecimento em relação às coisas espirituais. Hoje, essa é a condição de muitos cristãos. Para sustentar essa afirmação, só precisamos conversar com o primeiro cristão que encontrarmos, ou entrar na primeira igreja que esteja aberta nas redondezas, e teremos todas as provas necessárias.

Há um reino espiritual que nos rodeia, que nos envolve, abraça e está plenamente ao alcance do nosso eu interior, esperando ser reconhecido por nós. O próprio Deus está aqui, aguardando a nossa resposta à Sua presença. Esse mundo eterno ganhará vida aos nossos olhos a partir do momento em que o reconhecermos como realidade. E, aqui, é importante pontuar o uso de duas palavras que têm de ser definidas; ou, se impossível defini-las, preciso ao menos esclarecer o que quero dizer ao usá-las. Refiro-me a "reconhecer" e "realidade".

O que quero dizer com realidade? Falo acerca daquilo que existe à parte de qualquer ideia que qualquer pessoa possa ter sobre ela, e que existiria se não houvesse mente alguma no mundo para pensar sobre seu significado, que é: o real é autodeterminado.[3] Não depende de um observador para validá-lo.

Sei que há quem adore zombar da forma como as pessoas simples entendem a realidade. Os idealistas desfiam provas infinitas de que nada é real fora da mente humana; os relativistas gostam de mostrar que, no Universo, não existem pontos fixos que nos permitam fazer medições. Eles sorriem para nós com desprezo, do alto da sua intelectualidade, e nos definem, para a sua própria satisfação, com o repreensível termo: "absolutista". O cristão não se entristece com essa demonstração de aversão. Ele sorri de volta para eles, pois sabe que apenas Um é absoluto — isto é, Deus. Também sabe, no entanto,

---

[3] N. T.: no original: "*That which is real has being in itself*". O "ser-em-si" refere-se às coisas como são, é o que existe; é autodeterminado; aquilo que é real é o que sempre foi.

que esse Absoluto criou o mundo para o uso humano; e, embora não haja nada fixo ou real no significado das palavras — como aplicado a Deus —, Ele nos permite agir como se houvesse, tendo em vista todos os propósitos da vida humana. E todo indivíduo atua assim, exceto os que têm problemas psiquiátricos. Esses desafortunados também enfrentam dificuldades com a realidade, porém, são consistentes. Insistem em viver de acordo com a forma como entendem o mundo. São honestos, e é essa honestidade que faz deles um problema social.

Os idealistas e os relativistas não têm problemas psiquiátricos. Provam sua sanidade quando vivem de acordo com as ideias de realidade que eles mesmos repudiam, além de contarem com os pontos fixos que buscam provar não existir. Eles poderiam ser bem mais respeitados pelas suas hipóteses se estivessem dispostos a se comportar de acordo com elas; contudo, eles têm o cuidado de não fazer isso. Suas ideias são profundas sob o aspecto cerebral, mas não o suficiente para abarcar a vida. Quando tocados pela realidade,

> O cristão não se entristece com essa demonstração de aversão. Ele sorri de volta para eles, pois sabe que apenas Um é absoluto — isto é, Deus.

eles repudiam suas teorias e vivem como qualquer outro homem. O cristão é honesto demais para brincar com elocubrações por conta própria. Ele não tem prazer na mera elaboração de ideias fracas para aparecer; todas as suas crenças são práticas e estão entranhadas em seu ser. Ele vive e morre por elas, fica de pé e cai, neste mundo e por toda a Eternidade. Do homem desonesto, ele se afasta.

O indivíduo simples e sincero sabe que o mundo é real. Ele o encontra aqui quando desperta para a consciência, e sabe que não foi materializado pelo seu pensamento. Tudo já estava aqui, esperando, quando chegou. E ele compreende que, ao se preparar para deixar a vivência terrena, tudo ainda permanecerá para se despedir dele ao partir. Baseando-se na profunda sabedoria da vida, esse homem é mais sábio do que mil homens que duvidam. Em pé, na terra, ele sente o vento e a chuva em seu rosto e sabe que são fatos. Vê o sol de manhã e as estrelas à noite. Vê o relâmpago incandescente abandonar as sombrias nuvens da tempestade. Ouve o som da natureza e o choro humano de alegria e de tristeza. E sabe que são reais. Ele se deita na terra fresca ao anoitecer e não teme que ela seja uma ilusão ou que desapareça enquanto dorme. Pela manhã, o solo firme estará debaixo dele; o céu azul, acima; e as rochas e árvores, ao seu redor — assim como quando fechou os olhos na noite anterior. Dessa forma, ele vive e se alegra em um mundo tangível.

A partir dos seus cinco sentidos, o homem simples se envolve com essa realidade. Tudo o que é necessário para a sua existência física é apreendido pelas faculdades com as quais ele foi equipado pelo Deus que o criou e o colocou em um mundo como esse. Agora, baseando-nos nessa definição, Deus também é real. Ele é real, no sentido final e absoluto em que nenhuma outra coisa pode ser. Qualquer outra realidade depende da Sua. Deus é o grande fato, é o autor da esfera menor e dependente que compõe a soma das coisas criadas, incluindo o Homem. Ele tem uma existência objetiva, independente e à parte de quaisquer ideias que possamos ter quanto à Sua identidade. O coração adorador não cria o seu Objeto, mas O encontra aqui, quando acorda de seu torpor moral na manhã da sua regeneração.

Agora, quanto ao esclarecimento da outra palavra, "reconhecer". Ela não significa visualizar ou imaginar, sendo que a imaginação não é o mesmo que a fé. As duas não são apenas diferentes, mas opostas. A imaginação projeta imagens ilusórias fora da mente e busca uni-las à realidade. A fé não cria nada, simplesmente reconhece o que já está ali.

Deus e o mundo espiritual são reais. Podemos reconhecê-los com a mesma certeza que fazemos com o universo familiar ao nosso redor. As coisas espirituais estão ali — ou seria melhor dizermos, aqui —, chamando a atenção e desafiando a nossa confiança. Nosso problema é termos estabelecido maus hábitos de pensamento. Normalmente, discorremos que o mundo visível é um fato e duvidamos da realidade de qualquer outro. Não negamos a existência de um plano espiritual, mas duvidamos de que seja real no sentido em que a palavra geralmente é acolhida.

O mundo dos sentidos invade a nossa atenção dia e noite, ao longo de toda a nossa existência. Ele é barulhento, insistente e exibido. Não apela para a nossa fé; ele está aqui, agredindo nossos cinco sentidos, exigindo ser aceito como real e final. No entanto, o pecado nublou as lentes de nossos corações, assim não conseguimos enxergar a outra realidade, a Cidade de Deus, brilhando ao nosso redor. O mundo dos sentidos triunfa. Aquilo que é visível se torna inimigo do invisível; o temporal, do eterno. Essa é a maldição que herdaram todos os membros da trágica origem adâmica. Contudo, na base da vida cristã está a crença naquilo que não se pode ver, e o objeto dessa fé é a realidade invisível.

Quando nosso raciocínio não é corrigido — por ser influenciado pela cegueira do nosso coração carnal e pela onipresença intrusiva das coisas visíveis —, existe a tendência de traçarmos um contraste entre o espiritual e o real; mas a verdade é que tal contraste não existe. A antítese está em outro lugar: entre o real e o imaginário, entre o espiritual e o material, entre o temporal e o eterno. Jamais entre o espiritual e o real. O espiritual é real.

Se quisermos alcançar a esfera de iluminação e poder para a qual somos claramente convidados pela Palavra da verdade, é necessário abandonar o péssimo hábito de ignorar o espiritual. Precisamos mudar nosso interesse das coisas visíveis para as invisíveis, pois a grande realidade invisível é Deus: "[...] porque é necessário que aquele que se aproxima de Deus creia que ele existe e que recompensa os que o buscam" (Hebreus 11.6). Isso é essencial em uma vida de fé. A partir daí podemos chegar a alturas ilimitadas, mas com uma ordem especificada por Jesus: "[...] vocês creem em Deus, creiam também em mim" (João 14.1). Sem a primeira crença, não existe a segunda.

> O coração adorador não cria o seu Objeto, mas O encontra aqui, quando acorda de seu torpor moral na manhã da sua regeneração.

Se verdadeiramente quisermos seguir a Deus, devemos procurar ser de outro mundo. E digo isso plenamente ciente de que essa expressão tem sido usada com desdém pelos filhos deste mundo, como uma forma vergonhosa de se referir aos cristãos. Que seja. Todos precisam escolher seu mundo. Se nós, que seguimos a Cristo, temos ciência do que estamos fazendo e de todos os fatos diante nós, e escolhemos deliberadamente o Reino de Deus como nossa esfera de interesse, onde está o motivo para alguém se opor? Se perdermos por causa disso, o prejuízo é nosso; se ganharmos, não estamos roubando a ninguém. O "outro mundo" — que é o objeto de desdém deste em que vivemos, e o tema da cantiga zombeteira do beberrão — é o alvo que escolhemos cuidadosamente, e o cerne dos nossos desejos mais santos.

Porém, evitemos o erro comum de jogar o "outro mundo" para o futuro. Ele não está lá, mas aqui, no presente. É paralelo ao mundo físico que conhecemos, e as portas entre eles estão abertas:

> *Mas tendes chegado [diz o escritor do livro de Hebreus — e o tempo verbal está, claramente, no presente] ao monte Sião e à cidade do Deus vivo, a Jerusalém celestial, e a incontáveis hostes de anjos, e à universal assembleia e igreja dos primogênitos arrolados nos céus, e a Deus, o Juiz de todos, e aos espíritos dos justos aperfeiçoados, e a Jesus, o Mediador da nova aliança, e ao sangue da aspersão que fala coisas superiores ao*

que fala o próprio Abel. (Hebreus 12:22-24 – ARA – acréscimo nosso)

Todas essas coisas são contrastadas "[...] ao fogo palpável e aceso [...]" (Hebreus 12.18) e "ao toque da trombeta e ao som de palavras [...]" (Hebreus 12.19) que podiam ser escutadas. Não podemos concluir com segurança que, assim como as características do Monte Sinai eram apreendidas pelos sentidos, as características do Monte Sião são assimiladas pela alma? E isso não é a nossa mente pregando peças, é a mais completa verdade. A alma tem olhos com os quais enxerga e ouvidos com os quais ouve. Eles até podem estar fracos em razão do longo desuso; mas, a partir do toque vivificador de Cristo, estão agora sensíveis: a visão está mais nítida, e a audição, mais aguçada.

À medida que focarmos Deus, as coisas espirituais tomarão forma diante dos olhos da nossa alma. Obedecer à Palavra trará uma revelação interior da Trindade (cf. João 14.21-23). Isso aguçará nossa percepção, permitindo que vejamos a Deus como Ele prometera aos puros de coração (cf. Mateus 5.8). Começaremos também a desenvolver uma nova consciência sobre Ele, e a experimentar, ouvir e sentir internamente o Senhor, que é a nossa vida e o nosso tudo. Veremos o brilho eterno da luz que ilumina todos os homens que vêm ao mundo e, assim, cada vez mais, à medida que nossas faculdades espirituais melhoram e nós nos sentimos mais seguros, Deus Se tornará o grande Tudo para nós, e Sua presença será a glória e o êxtase das nossas vidas.

> À medida que focarmos Deus, as coisas espirituais tomarão forma diante dos olhos da nossa alma.

Ó Deus, vivifique todo o poder que há em mim, para que eu possa me apegar às coisas eternas. Abra os meus olhos para que eu consiga ver; dê-me uma percepção espiritual aguçada; deixe-me prová-lO e, assim, saber que o Senhor é bom. Faça com que o Céu se torne mais real para mim do que qualquer coisa terrena. Amém.

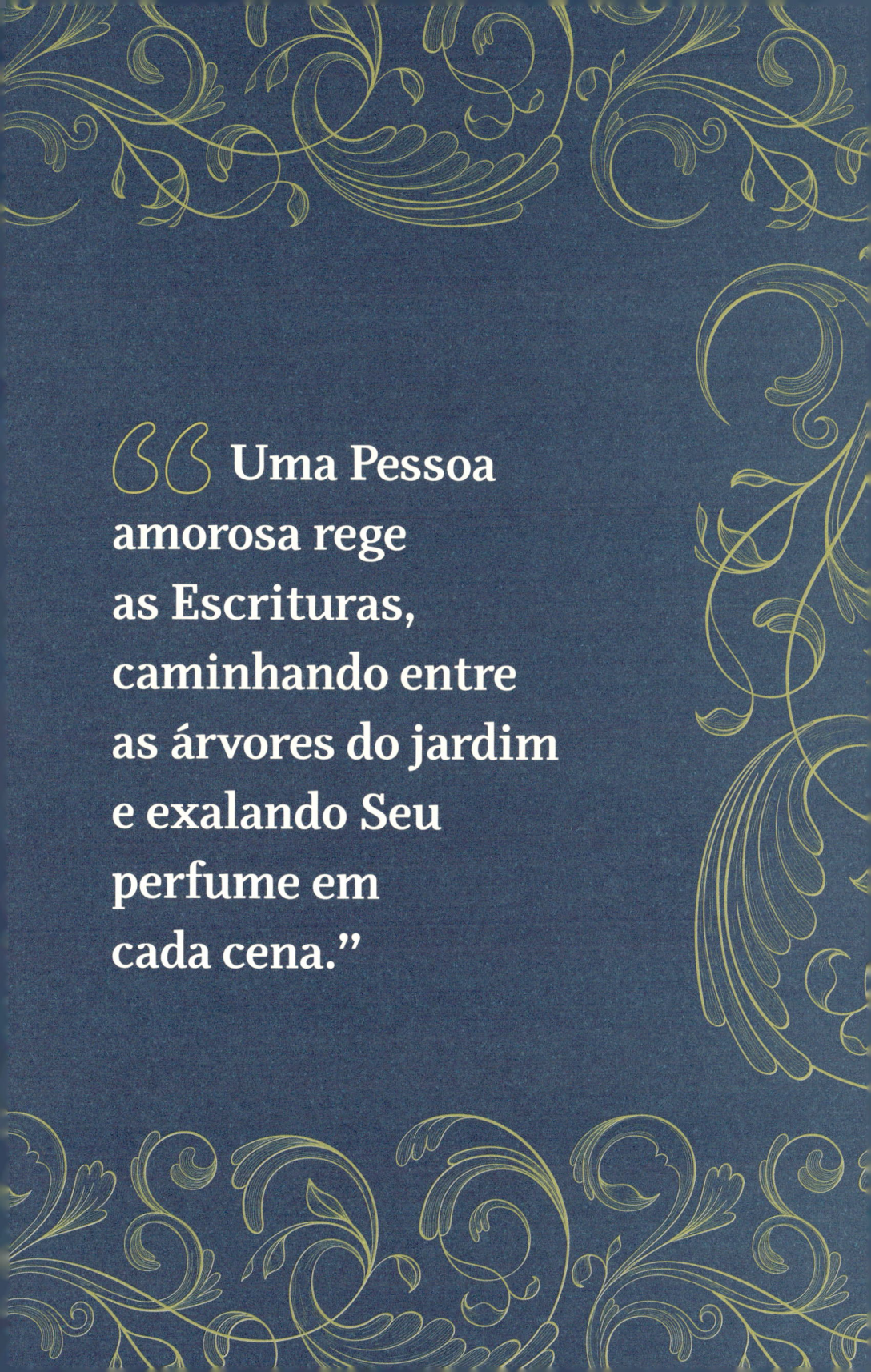

"Uma Pessoa amorosa rege as Escrituras, caminhando entre as árvores do jardim e exalando Seu perfume em cada cena."

Capítulo 5

A PRESENÇA UNIVERSAL

Para onde me ausentarei do teu Espírito? Para onde fugirei da tua face? (Salmos 139.7)

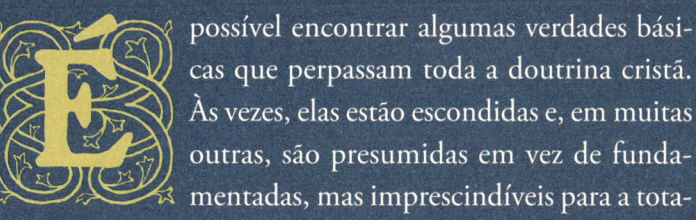

É possível encontrar algumas verdades básicas que perpassam toda a doutrina cristã. Às vezes, elas estão escondidas e, em muitas outras, são presumidas em vez de fundamentadas, mas imprescindíveis para a totalidade da verdade — assim como as cores primárias não são encontradas na pintura finalizada, mas, ainda assim, permanecem indispensáveis para a sua existência. Uma dessas verdades é a imanência divina.

Capítulo 5 | A PRESENÇA UNIVERSAL

Deus habita em Sua criação e está em todo lugar, intrinsecamente presente em todas as Suas obras. Esse é um ensino ousado por parte dos profetas e dos apóstolos, e, normalmente, aceito pela teologia cristã. Isto é, ele aparece nos livros, mas, por algum motivo, não criou raízes nos corações dos cristãos comuns a ponto de ser incorporado à sua religiosidade. Os professores cristãos se intimidam perante todas as implicações decorrentes dele e, se chegam a mencioná-lo, esvaziam-no até que o seu significado perca a importância. Suponho que a razão para isso seja o medo de serem acusados de panteístas.

No entanto, a doutrina da presença divina com toda a certeza não é panteísmo; afinal, o erro de tal crença é evidente demais para enganar alguém. Eles dizem que Deus é o somatório de todas as coisas criadas, sendo Ele e a natureza, um. Assim, qualquer pessoa que toca em uma folha ou em uma pedra estaria tocando em Deus. É claro que isso, em última instância, degradaria a glória da Divindade incorruptível e, em um esforço para tornar todas as coisas divinas, eliminaria completamente toda a divindade do mundo.

Na realidade, por mais que Deus habite em Seu mundo, existe entre eles um abismo eternamente intransponível. Apesar de poder ser identificado intimamente com a obra das Suas mãos, ela é — e sempre será — diferente d'Ele; Ele a antecede e sempre antecederá, é independente dela e sempre será. Ele é transcendente às Suas obras, ao mesmo tempo que é imanente nelas.

O que, então, significa a imanência divina na experiência cristã objetiva? Simplesmente que Deus está aqui. Onde quer que estejamos, Ele está ali. Não há lugar — não pode haver lugar — onde o Senhor não esteja. Dez milhões de mentes inteligentes, em dez milhões de lugares diferentes, separadas por distâncias inimagináveis, podem todas dizer com igual verdade: "Deus está aqui". Nenhum lugar está mais próximo d'Ele do que outro, mas está exatamente tão perto quanto qualquer outro. Ninguém está, a mera distância, mais longe ou mais perto do Senhor do que qualquer outra pessoa. Essas são verdades nas quais todo cristão bem instruído crê, o que nos resta é refletir e orar sobre elas, até que comecem a resplandecer em nós.

O trecho "No princípio, Deus [...]" (Gênesis 1.1) não afirma "no princípio, a matéria", pois a matéria não dá origem a si mesma; é preciso que uma origem a anteceda, e Deus é essa origem. Não é a Lei, pois a Lei é apenas um nome para o curso natural de toda a Criação. Ele precisou ser planejado, e quem o fez foi Deus; não é a mente, pois esta também foi criada e precisa de um Criador para trazê-la à existência. Por isso, "No princípio, Deus [...]" (Gênesis 1.1). Aqui está a origem autoexistente da matéria, da mente e da Lei, e é aqui que precisamos começar.

Adão pecou e, em seu desvario, tentou desesperadamente fazer o impossível: esconder-se da presença de Deus. Davi provavelmente teve a mesma insensatez de tentar fugir, pois escreveu: "Para onde me ausentarei do teu Espírito? Para onde fugirei da tua face?" (Salmos 139.7). Então criou um de seus mais belos salmos para celebrar a glória da imanência divina: "Se subo aos céus, lá estás; se faço a minha cama no mais profundo abismo, lá estás também; se tomo as asas da alvorada e me detenho nos confins dos mares, ainda ali a tua mão me guiará, e a tua mão direita me susterá" (Salmos 139.8-10).

Davi sabia que o fato de Deus existir e o de também enxergar são indissociáveis, que a Presença que a tudo vê estivera com ele mesmo antes do seu nascimento, observando os mistérios dos desdobramentos da vida. Salomão exclamou: "— Mas será que, de fato, Deus poderia habitar na terra? Eis que os céus e até o céu dos céus não te podem conter, muito menos este templo que eu edifiquei" (1 Reis 8.27). Contudo, Paulo garantiu aos atenienses que Deus não está "[...] longe de cada um de nós; pois nele vivemos, nos movemos e existimos, como alguns dos poetas de vocês disseram: Porque dele também somos geração" (Atos 17.27-28).

Se Deus está presente em todos os lugares do universo, sem que possamos ir aonde Ele não esteja ou sequer imaginar um lugar onde a Sua presença não se encontre, então por que isso não se tornou o principal fato universalmente celebrado no mundo? O patriarca Jacó, "[...] numa terra deserta e num ermo solitário [...]" (Deuteronômio 32.10), respondeu a essa pergunta. Ele teve uma visão do Senhor e exclamou maravilhado: "[...] Na verdade, o Senhor está neste lugar, e eu não o sabia" (Gênesis 28.16). Jacó nunca estivera, mesmo que por um milésimo de segundo, fora da esfera da onipresença divina. Entretanto, ele não sabia disso. Esse era o seu — e o nosso — problema. As pessoas não sabem que Deus está aqui; no entanto, que grande diferença faria se soubessem. Afinal, a presença do Senhor e a Sua manifestação são diferentes — uma pode existir sem a outra.

Deus está aqui, mesmo quando estamos completamente alheios a essa informação. Porém, Ele apenas Se manifesta quando (e à medida que) tomamos consciência da Sua presença. A nossa parte deve ser nos entregar ao Espírito, porque a Sua obra é nos mostrar o Pai e o Filho. Se cooperarmos com Ele em terna obediência, Deus Se manifestará a nós, e essa manifestação será a diferença entre uma vida cristã nominal e uma vida que brilha a luz da Sua face. Deus sempre está presente em todos os lugares, ansiando por Se revelar. A cada um dos Seus, Ele não só mostra quem é, mas também o que é. Ele não precisou ser persuadido a revelar-Se a Moisés: "O Senhor desceu na nuvem, esteve ali junto de Moisés e proclamou o nome do Senhor" (Êxodo 34.5). Ele não apenas anunciou verbalmente Sua natureza, como também revelou a si mesmo a Moisés, de maneira que a sua face brilhava com uma luz sobrenatural. Será um grande momento para alguns de nós quando começarmos a crer que a promessa da autorrevelação divina é uma verdade literal: Ele nos prometeu muito, e não mais do que pretende cumprir.

> Deus está aqui, mesmo quando estamos completamente alheios a essa informação. Porém, Ele apenas Se manifesta quando (e à medida que) tomamos consciência da Sua presença.

Quando O buscamos, somos bem-sucedidos apenas porque Deus sempre anseia por Se manifestar a nós. Ao ser revelado a qualquer homem, Ele não vem de longe, uma vez, para uma visita breve e momentânea à alma humana. Portanto, pensar desse modo é mostrar que entendemos tudo errado. Quando Deus Se aproxima da nossa alma, ou vice-versa, não devemos supor que o faz em termos de grandezas físicas. É um conceito que não inclui a ideia de uma distância geográfica. Não é uma questão de quilômetros, mas de experiência.

Falar que estamos distantes ou próximos de Deus é usar uma linguagem que, de certa forma, é sempre entendida no âmbito das nossas relações humanas comuns. Um homem pode dizer: "Sinto que meu filho se aproxima de mim à medida que cresce", mas seu filho passou a vida inteira ao lado dele e, desde que nasceu, nunca ficou longe de casa por mais de um ou dois dias. O que esse pai está querendo dizer? É óbvio que ele se refere ao âmbito da experiência. Ele deseja expressar que o seu filho está começando a conhecê-lo com mais intimidade, compreensão; que as barreiras das ideias e dos sentimentos, que um dia os separaram, estão desaparecendo; que suas mentes e seus corações estão cada vez mais unidos.

Ou seja, quando cantamos: "Mais perto da Tua cruz quero estar, ó Salvador"[1], não estamos nos referindo a uma proximidade geográfica, mas relacional. Oramos para que o Senhor nos torne cada vez mais sensíveis, com a consciência mais aperfeiçoada, em relação à Presença divina. Não precisamos gritar para que um Deus ausente

---

[1] N. E.: Fanny Crosby, *Draw me nearer*, 1875.

nos ouça, Ele está mais próximo de nós do que a nossa própria alma, mais perto do que os nossos pensamentos mais íntimos.

Por que algumas pessoas "encontram" a Deus com mais profundidade do que outras? Por que Sua presença é manifestada a alguns e deixa milhares de outros se debaterem à sombra de uma experiência cristã incompleta? É claro que a Sua vontade é a mesma para todos. Não há favoritismo na casa do Senhor. Tudo o que Ele faz para um dos Seus filhos, Ele fará por todos os outros. A diferença não está no Altíssimo, mas em nós. Escolha ao acaso alguns dos grandes homens de Deus cujas vidas e testemunhos sejam amplamente conhecidos. Podem ser personagens bíblicos ou cristãos lembrados do período pós-bíblico. Será um choque imediato perceber que esses homens santos não se parecem entre si. Algumas vezes, as diferenças entre eles chegam a ser gritantes. Por exemplo, quão diferentes eram Moisés e Isaías? Elias e Davi? João e Paulo? São Francisco de Assis e Lutero? Charles Finney e Tomás de Kempis? São tão desiguais quanto a própria vida humana: diferenças de raça, nacionalidade, educação, temperamento, hábito e qualidades pessoais. Ainda assim, todos tiveram, cada um em sua época, uma caminhada espiritual superior ao que normalmente vemos.

As diferenças entre eles são secundárias e, aos olhos de Deus, insignificantes. Alguma das suas características fundamentais deve ter sido parecida. Qual era? Eu me arrisco a responder que se tratava da receptividade espiritual. Havia neles algo sensível ao divino, que os impelia na direção do Senhor. Não tenho aqui o objetivo de fazer uma análise profunda, quero apenas dizer que eles tinham consciência espiritual e cultivaram-na até que se tornasse o que havia de mais precioso em suas vidas. Eles eram diferentes das pessoas comuns, pois, quando aquele anseio lhes queimava o coração, faziam algo a respeito. Ao longo da vida, desenvolveram o hábito de responder espiritualmente, e não eram desobedientes à visão divina, como Davi expressou muito bem: "Ao meu coração me ocorre:

'Busquem a minha presença'. Buscarei, pois, Senhor, a tua presença" (Salmos 27.8).

Assim como tudo o que há de bom na vida, o Senhor está por trás dessa receptividade. O soberano Deus está aqui, e até aqueles que não dedicaram a isso maior consideração teológica conseguem senti-lO. Como o piedoso Michelangelo confessou em um soneto (é válido analisar essas palavras como o testemunho profundo e sincero de um grande cristão):

> Barro estéril é o meu desassistido coração,
> Seu solo natural não pode servir de alimento.
> A semente das boas e piedosas obras és Tu,
> Elas só florescem com a Tua permissão.
> A não ser que nos mostres o Teu verdadeiro caminho,
> Homem algum o encontrará. Pai, conduza-nos pela mão![2]

No entanto, por mais que seja importante reconhecermos que Deus trabalha em nós, meu conselho é que você não se preocupe demais com esse pensamento, pois ele é o caminho certo para a passividade estéril. Deus não considera imprescindível que compreendamos os mistérios da eleição, da predestinação e da soberania divina. A maneira mais segura e confiável de lidar com essas verdades é olharmos para o Senhor e, na mais interna reverência, dizer: "[...] Senhor Deus, tu o sabes" (Ezequiel 37.3). Essas coisas pertencem à Sua misteriosa e profunda onisciência. Investigá-las pode até produzir teólogos, mas nunca produzirá santos.

A receptividade não é uma única coisa, mas um composto, uma mistura de inúmeros elementos da alma. É uma afinidade, inclinação, resposta positiva, ânsia. A partir disso, concluímos que ela está presente em diferentes níveis, de maneira que podemos ser mais ou

---

[2] Michelangelo Buonarroti, *To the Supreme Being*.

Capítulo 5 | A PRESENÇA UNIVERSAL

menos receptivos, dependendo da pessoa. A receptividade pode ser desenvolvida por meio de exercícios ou destruída pela negligência. Não é uma força soberana e irresistível que vem sobre nós em um arroubo celeste. É um dom de Deus, na verdade, que precisa ser identificado e cultivado como qualquer outro, se quiser cumprir o propósito para o qual nos foi dado.

Não conseguir enxergar isso é o motivo para o gravíssimo colapso do evangelicalismo moderno. A ideia do cultivo e do exercício, tão importante para os santos de antigamente, não encontra mais espaço no escopo total da nossa religião. É muito devagar, muito comum. Hoje, queremos sofisticação e performances dinamicamente dramáticas. Uma geração de cristãos — criada em meio a botões e máquinas automáticas — não tem paciência para métodos mais lentos e menos diretos de alcançar seus objetivos. Ao mesmo tempo, temos tentado aplicar os procedimentos dessa Era

> Essas coisas pertencem à Sua misteriosa e profunda onisciência. Investigá-las pode até produzir teólogos, mas nunca produzirá santos.

em nossa relação com Deus: lemos um capítulo da Bíblia, fazemos um momento devocional rápido e saímos correndo — e, na esperança de compensar a nossa profunda falência interior, vamos para mais uma programação da igreja ou escutamos outra história emocionante de um caçador de aventuras cristão que voltou de longe há pouco tempo.

Os resultados trágicos desse espírito estão ao nosso redor. As vidas superficiais, as filosofias religiosas vazias, a preponderância de elementos que apontam para a diversão nas programações da igreja, a glorificação do Homem, a confiança no que não faz parte do cristianismo, as reuniões parcialmente religiosas, o uso da mesma linguagem dos métodos de vendas, a confusão entre o que é uma pessoa dinâmica e uma pessoa no poder do Espírito — esses e outros são os sintomas de uma doença maligna, uma profunda e séria enfermidade da alma.

Por essa grande mazela que nos sobrevém, não podemos responsabilizar só uma pessoa, e nenhum cristão está completamente livre de culpa. Todos nós contribuímos, direta ou indiretamente, para esse estado lamentável. Estivemos muito cegos para ver, muito tímidos para falar ou muito cheios de nós mesmos para desejar algo melhor do que a vida espiritual pobre com a qual as outras pessoas parecem estar satisfeitas. Outra forma de dizer isso seria que aceitamos ideias alheias, copiamos as vidas de outrem, e fizemos das suas experiências o modelo para a nossa. Por uma geração, a tendência foi o declínio — chegamos ao fundo do poço e, o pior, adaptamos a Palavra de Deus às nossas vivências e abraçamos esse vil lugar como se fosse um pasto verdejante.

Será preciso um coração determinado e mais do que um pouco de coragem para nos livrarmos do jugo dos nossos dias e voltarmos ao caminho bíblico. Mas podemos fazê-lo; de tempos em tempos, os cristãos do passado precisaram fazê-lo. A História registrou inúmeros movimentos de retorno às Escrituras em grande escala, liderados por homens como São Francisco de Assis, Martinho Lutero e George Fox. Infelizmente, parece não haver Lutero ou Fox no horizonte presente. Se outro retorno como esses acontecerá ou não antes da volta de Cristo, é uma questão sobre a qual os cristãos não concordam totalmente, mas isso não tem muita importância para nós agora.

Não afirmo saber o que Deus, em Sua soberania, pode vir a fazer em escala mundial, mas acredito que sei e posso compartilhar aquilo que Ele realizará pelas pessoas comuns que buscarem a Sua face. Se todos se voltarem para o Senhor de fato, e começarem a se exercitar na piedade, e a buscar desenvolver seus dons de receptividade espiritual por meio da confiança, obediência e humildade, os resultados excederão qualquer esperança nutrida nestes dias estéreis.

Capítulo 5 | A PRESENÇA UNIVERSAL

Qualquer homem que — após se arrepender e voltar com sinceridade para Deus — se libertar do molde que o aprisionava e buscar os seus padrões espirituais nas Escrituras, ficará encantado com o que encontrará ali. Digo mais uma vez: a presença universal do Senhor é um fato. Ele está aqui, e todo o universo vive por causa da Sua vida. Ele não é um Deus estranho ou desconhecido, mas o Pai do nosso Senhor Jesus Cristo, cujo amor envolve toda a humanidade pecadora há milhares de anos. Ele está sempre tentando chamar a nossa atenção, revelar-Se a nós, comunicar-Se conosco. Temos em nós a capacidade de nos relacionar com Ele se simplesmente respondermos às Suas iniciativas — sendo isso o que chamamos de buscar a Deus. Nós O conheceremos com mais profundidade à medida que a nossa receptividade for aperfeiçoada pela fé, pelo amor e pela prática.

Ó Deus e Pai, arrependo-me das minhas preocupações pecaminosas com as coisas visíveis. O mundo tem me sobrecarregado. O Senhor está aqui, e eu não sabia. Estive cego para a Sua presença. Abra os meus olhos para que eu possa vê-lO em mim e à minha volta. Por amor de Cristo, amém.

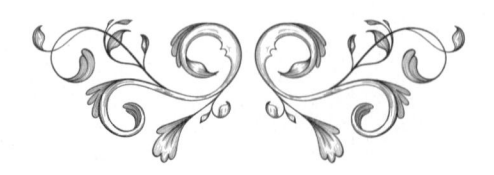

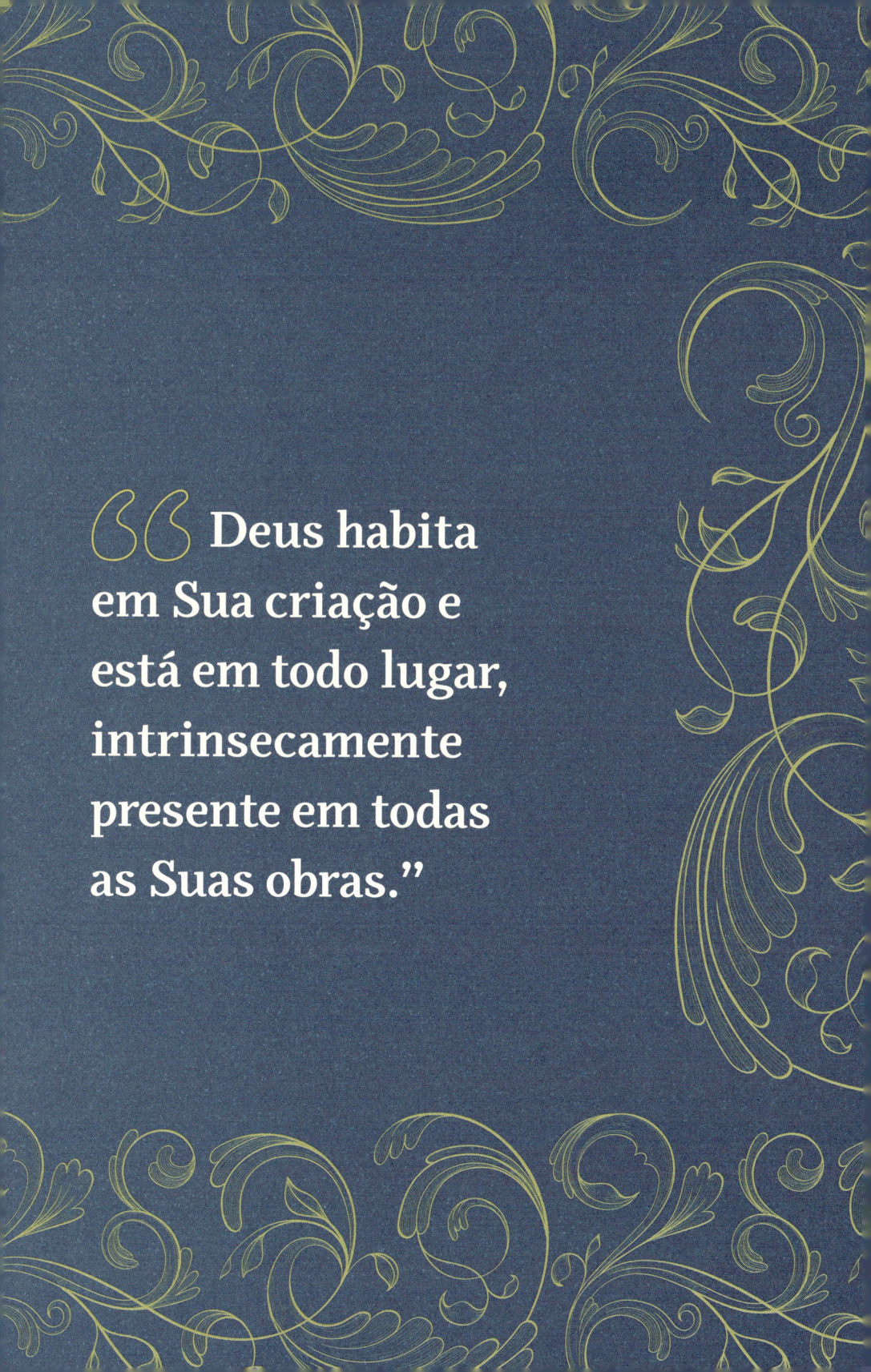

"Deus habita em Sua criação e está em todo lugar, intrinsecamente presente em todas as Suas obras."

Capítulo 6

A VOZ DE DEUS

No princípio era o Verbo, e o Verbo estava com Deus, e o Verbo era Deus. (João 1.1)

A o ler esse versículo, uma pessoa de inteligência mediana, não instruída sobre as verdades do cristianismo, provavelmente concluiria que o objetivo de João foi ensinar que faz parte da natureza divina falar e comunicar Seus pensamentos às pessoas — e ela estaria certa. A palavra é um meio pelo qual os pensamentos são expostos, e a correlação desse termo com o Filho eterno nos leva a crer que essa forma de expressão é inerente à Trindade e que Deus está sempre buscando Se comunicar com a Sua criação.

Capítulo 6 | A VOZ DE DEUS

Toda a Bíblia dá embasamento para essa ideia: Ele está falando, no presente; não "falou", no passado. O Senhor é, por natureza, eternamente comunicativo e enche o mundo com a Sua voz.

Sabendo disso, uma das grandes verdades com as quais precisamos lidar é a voz de Deus no Seu mundo. A cosmogonia mais curta e satisfatória é esta: "Pois ele falou, e tudo se fez [...]" (Salmos 33.9). A voz viva do Deus imanente, dentro da Sua criação, é a causa da lei natural, e a Sua verbalização, que trouxe todos os mundos à existência, não pode ser compreendida como sinônimo da Bíblia, pois não está escrita ou impressa, mas é a expressão da vontade falada do Senhor, que está na estrutura de todas as coisas. A Palavra de Deus é o sopro d'Ele que enche o mundo da possibilidade da vida.

Sua voz é a força mais poderosa da natureza. Ou melhor, é a única; afinal, toda e qualquer força só existe por causa da veemente Verbalização que Ele está proferindo. A Bíblia é a Palavra escrita e, por esse motivo, está inevitavelmente restringida e limitada pelo papel, pelo couro e pela tinta. A voz de Deus, no entanto, é viva e livre, assim como o Senhor soberano o é: "[...] As palavras que eu lhes tenho falado são espírito e são vida" (João 6.63). A vida está naquilo que é falado, por isso o que está escrito na Bíblia só tem poder porque corresponde ao que Ele expõe no Universo. É aquilo que Deus continua falando que torna a Palavra escrita todo-poderosa. Caso contrário, ela ficaria adormecida, trancafiada entre as capas de um livro.

Quando imaginamos o Criador em contato físico com as obras da Criação —moldando, encaixando e construindo como um carpinteiro —, temos a percepção de algo inferior e rudimentar. No entanto, a Bíblia nos ensina o oposto: "Os céus por sua palavra se fizeram, e, pelo sopro de sua boca, o exército deles. [...] Pois ele falou, e tudo se fez; ele ordenou, e tudo passou a existir" (Salmos 33.6, 9); "Pela fé, entendemos que o universo foi formado pela palavra de Deus [...]" (Hebreus 11.3). Repito, precisamos nos lembrar de que o Senhor não se refere à Palavra escrita, mas à Sua voz. Ele está falando do som que preenche o mundo, precede a Bíblia há incontáveis séculos, não fica em silêncio desde o princípio da Criação, e permanece ressoando por todos os cantos do Universo.

A Palavra de Deus é viva e eficaz (cf. Hebreus 4.12). No princípio, Ele falou ao nada, dando a ele forma. O caos O ouviu e entrou em ordem; a escuridão O escutou e tornou-se luz. As orações "disse Deus [...]" e "[...] e assim foi", em paralelo, exprimindo causa e consequência, aparecem por toda a história da Criação descrita em Gênesis. O "disse" corresponde ao "assim". O "assim" é o "disse" transformado em ação manifesta.

> A Palavra de Deus é o sopro d'Ele que enche o mundo da possibilidade da vida.

Deus está aqui e está falando — essa verdade precede todas as outras verdades bíblicas. Sem ela, não haveria revelação alguma. O Senhor não escreveu um livro e o enviou por meio de um mensageiro, para que as pessoas o lessem à distância e sem auxílio algum. Ele falou um Livro e vive nessas palavras faladas, constantemente articulando-as e fazendo com que o poder delas permaneça ao longo dos anos. Deus soprou no barro, e ele se tornou um homem; Ele sopra nos homens, e eles se tornam barro. "Tu reduzes o ser humano ao pó e dizes: Voltem ao pó, filhos dos homens" (Salmos 90.3) foram as declarações pronunciadas na Queda, por meio das quais Deus decretou a morte de todos os homens, sem precisar adicionar outros vocábulos desde então. A triste marcha da humanidade sobre a face da Terra, do nascimento ao túmulo, é a prova de que a Sua Palavra original foi o suficiente.

Nós não damos atenção o bastante à profunda declaração joanina: "a verdadeira luz, que, vinda ao mundo, ilumina toda a humanidade" (João 1.9). Analise essa frase pelo ângulo que quiser, a verdade ainda estará ali: a Palavra de Deus atua em todos os corações

Capítulo 6 | A VOZ DE DEUS

humanos como luz, diretamente na alma. Ali, a luz resplandece, o Verbo ressoa, e torna-se impossível escapar deles.

Para levar nossas almas à claridade dessa forma seria necessário que Deus estivesse vivo, em Seu mundo; e João garante que Ele está. Assim, até mesmo pessoas que nunca ouviram falar da Bíblia já foram ministradas com clareza o suficiente para remover quaisquer desculpas de seus corações para sempre:

> *Estes mostram a obra da lei gravada no seu coração, o que é confirmado pela consciência deles e pelos seus pensamentos conflitantes, que às vezes os acusam e às vezes os defendem.* (Romanos 2.15)

> *Porque os atributos invisíveis de Deus, isto é, o seu eterno poder e a sua divindade, claramente se reconhecem, desde a criação do mundo, sendo percebidos por meio das coisas que Deus fez. Por isso, os seres humanos são indesculpáveis.* (Romanos 1.20)

Além de Verbo, a voz universal de Deus foi, frequentemente, chamada de Sabedoria pelos hebreus. Eles diziam que ela ecoa em todo lugar e esquadrinha toda a Terra, buscando alguma resposta dos filhos dos homens. O capítulo 8 do livro de Provérbios começa dizendo: "Por acaso, não clama a Sabedoria? E o Entendimento não faz ouvir a sua voz?" (Provérbios 8.1). Depois, o autor retrata a Sabedoria como uma bela mulher que se coloca nos lugares elevados, junto ao caminho (cf. Provérbios 8.2); ela clama de todos os cantos, para que ninguém deixe de ouvi-la: "É para vocês, homens, que eu clamo; e a minha voz se dirige aos filhos dos homens" (Provérbios 8.4). E então suplica ao inexperiente e ao tolo que ouçam as suas palavras (cf. Provérbios 8.5).

A sabedoria de Deus está clamando por uma resposta espiritual, pela qual sempre busca, mas que raramente encontra. A tragédia disso é que o nosso bem-estar eterno depende de darmos ouvidos a ela, mas treinamos os nossos ouvidos para que não a ouçam.

> A Palavra de Deus atua em todos os corações humanos como luz, diretamente na alma. Ali, a luz resplandece, o Verbo ressoa, e torna-se impossível escapar deles.

Essa Voz universal sempre clamou e, com frequência, preocupou os homens, mesmo quando eles não compreendiam a fonte de seus medos. Será que ela, que se espalha como uma névoa viva sobre os corações humanos, é a causa desconhecida da mente inquieta e do anseio pela imortalidade, confessados por milhões de pessoas desde o início dos registros históricos? Independentemente da resposta, não precisamos temer esse enfrentamento. A voz de Deus é um fato, e qualquer pessoa consegue constatar como a humanidade reagiu a ela.

Quando Ele falou dos Céus ao nosso Senhor, os homens autocentrados que O ouviram atribuíram o som a causas naturais, dizendo que havia trovejado (cf. João 12.29). Essa tendência de explicar a Voz utilizando-se das leis naturais está na base da ciência moderna. Neste cosmo, que vive e respira, existe um Algo misterioso, maravilhoso e tremendo demais para que qualquer mente seja capaz de entender. Ainda assim, o crente fiel não alega compreendê-lo, mas cai de joelhos e sussurra: "Deus". Por outro lado, o homem terreno também se ajoelha, não em adoração, mas para analisar, pesquisar e encontrar as causas e formas como as coisas se dão; afinal, vivemos em uma Era secular.

Os hábitos da nossa mente são os mesmos dos cientistas, e não dos adoradores. Nossa tendência é explicar em vez de adorar. "Havia trovejado", exclamamos e seguimos nosso caminho terreno. Porém, a Voz ainda ressoa e busca. Tanto a ordem quanto a vida no mundo

Capítulo 6 | A VOZ DE DEUS

dependem d'Ela, mas os homens, em geral, são muito ocupados ou teimosos para Lhe dar atenção.

Mesmo assim, a Voz continua ecoando. Todos já tivemos experiências que não soubemos explicar: uma sensação repentina de solidão; um sentimento de maravilhamento ou temor diante da imensidão do universo; ou experimentamos uma iluminação passageira, como se fosse proveniente de um outro Sol, que nos dá a súbita certeza de que somos de outro mundo, e que temos origens divinas. O que vimos, sentimos ou ouvimos, talvez, contrarie tudo o que nos ensinaram nas escolas e seja completamente diferente das nossas crenças e opiniões prévias. Somos forçados a suspender nossas dúvidas por um momento, enquanto as nuvens se afastam para que consigamos ver e ouvir por nós mesmos. Podemos explicar essas coisas como quisermos, mas acredito que não seremos justos com os fatos até permitirmos ao menos a possibilidade de essas experiências serem fruto da presença de Deus no mundo e do Seu esforço persistente de Se comunicar com a humanidade. Não podemos descartar tal hipótese levianamente.

Creio — e não me sentirei mal se ninguém concordar comigo — que tudo o que o Homem produziu de bom e belo no mundo é a consequência da sua resposta imperfeita e manchada pelo pecado à Voz que ressoa sobre a Terra. Os filósofos morais que sonharam alto com a virtude; os pensadores religiosos que especularam sobre Deus e a imortalidade; os poetas e artistas que criaram beleza real e perene a partir de substratos simples: como explicá-los? Não é o bastante simplesmente dizer que "eram geniais".

Afinal, o que é um gênio? Seria um homem assombrado pela Voz divina, que trabalha e se empenha, como se estivesse possuído, para alcançar objetivos que só compreende parcialmente? Nem mesmo o fato de esse grande homem não ter percebido Deus em seus trabalhos, e de ter falado ou escrito contra o Senhor, acaba com a ideia que estou desenvolvendo.

A revelação redentora de Deus nas Sagradas Escrituras é necessária para resgatar a fé e a paz com Ele. Precisamos da fé em um Salvador ressurreto para que nossos frágeis esforços em relação à imortalidade nos levem a uma comunhão tranquila e satisfatória com o Senhor. Para mim, essa é uma explicação plausível de tudo o que há de melhor em Cristo. No entanto, você pode ser um cristão verdadeiro e não concordar com a minha tese.

Independentemente da opinião, devemos reconhecer que a voz de Deus é amigável. Ninguém precisa temer ao ouvi-la — a não ser que já esteja decidido a resistir a ela. O sangue de Jesus cobriu não apenas a humanidade, mas toda a Criação: "e que, havendo feito a paz pelo sangue da sua cruz, por meio dele, reconciliasse consigo mesmo todas as coisas, quer sobre a terra, quer nos céus" (Colossenses 1.20). Com isso, podemos pregar sobre um paraíso acolhedor, aquele que, assim como a Terra, está cheio da boa vontade d'Aquele que habitou na sarça (cf. Êxodo 3). O sangue perfeito da expiação nos dá essa garantia eterna de que todo que parar para ouvir escutará a Voz que vem dos Céus. Nossos dias, com certeza, não são um momento histórico no qual as pessoas aceitam ser amorosamente exortadas a ouvir, pois tal atitude não faz parte da religião popular vigente. Vivemos o extremo oposto disso. A religião aceitou a monstruosa heresia de que o barulho, o tamanho, o entusiasmo e o alvoroço fazem com que Deus ame alguém. Porém, podemos ter coragem. Ao povo que se encontra no tumulto desse último grande conflito, Ele diz: "Aquietem-se e saibam que eu sou Deus [...]" (Salmos 46.10)! Ele fala para nos aquietarmos, como se tentasse nos dizer que a nossa força e segurança não estão no barulho, mas no silêncio.

É essencial que nos "aquietemos" para esperar em Deus, e é melhor que estejamos a sós, de preferência com nossas Bíblias abertas diante de nós. Então, se quisermos, poderemos nos achegar a Ele e começar a ouvi-lO falar aos nossos corações. Creio que as pessoas comuns desenvolverão essa habilidade mais ou menos assim: primeiro,

Capítulo 6 | A VOZ DE DEUS

um som como de uma Presença caminhando em um jardim; depois, uma Voz, mais compreensível, mas ainda longe de ser nítida. E, então, o alegre momento em que o Espírito começa a iluminar as Escrituras, e o que parecia apenas um som ou, no máximo, uma voz se torna palavra inteligível — cálida, íntima e nítida, como a de um amigo querido. Depois disso, haverá vida, luz e, o melhor de tudo, a capacidade de ver, descansar e abraçar Jesus Cristo como Salvador, Senhor e Rei.

A Bíblia só será um Livro vivo para nós quando estivermos convencidos de que Deus Se expressa em Seu universo. Sair de um mundo vazio e impessoal para outro bíblico dogmático é difícil para a maioria das pessoas. Elas podem admitir que precisam aceitar a Bíblia como Palavra de Deus e tentar pensar nela como tal, mas acham impossível crer que o conteúdo presente naquelas páginas seja, de fato, para elas. Alguém pode dizer: "essas palavras são para mim", e, ainda assim, não as sentir nem as conhecer em seu coração. Essa pessoa é o fruto de uma mente dividida: alguém que pensa que o Senhor está mudo em todos os âmbitos, e fala apenas por meio de um Livro.

Creio que muito da nossa descrença religiosa se deva à ideia e ao sentimento errados em relação à Palavra da Verdade. Um Deus silencioso de repente começou a falar em um Livro e, ao terminá-lo, voltou a ficar quieto para sempre. Agora, lemos as Escrituras como um registro do que o Senhor disse quando, por um breve momento, estava interessado em falar. Com esse tipo de ideia, como poderemos crer? O fato é que Ele não está em silêncio, e nunca esteve. É da Sua natureza Se comunicar. A segunda Pessoa da Santíssima Trindade é chamada de "Palavra". A Bíblia é o resultado

> **Precisamos da fé em um Salvador ressurreto para que nossos frágeis esforços em relação à imortalidade nos levem a uma comunhão tranquila e satisfatória com o Senhor.**

inevitável do falar contínuo de Deus; é a declaração infalível da Sua mente — transposta por Ele em vocábulos humanos familiares — para nós.

Creio que um mundo novo surgirá dessa névoa religiosa quando nos achegarmos às Escrituras com a noção de que elas não são apenas um livro que foi enunciado há muito tempo, mas que permanece falando. Os profetas sempre diziam: "Assim diz o Senhor". Eles queriam que seus ouvintes entendessem que Deus estava Se expressando naquele momento. É adequado usarmos o pretérito para indicar que, numa situação específica, Ele falou algo específico. No entanto, uma palavra do Senhor que tenha sido proferida uma vez permanece sendo falada, como uma criança que nasce e continua viva, ou um mundo criado que segue existindo. E essas são apenas ilustrações imperfeitas, pois crianças morrem e mundos são extintos, mas a Palavra permanece para sempre (cf. 1 Pedro 1.25).

Se você quer prosseguir em conhecer ao Senhor (cf. Oseias 6.3), achegue-se logo ao texto bíblico na expectativa de que Ele fale com você. Não venha acreditando que pode usar a Bíblia à sua conveniência. Ela é muito mais que um texto, é uma Voz, uma expressão, a verdadeira Palavra do Deus vivo.

Senhor, ensine-me a ouvir. Os tempos são ensurdecedores, e meus ouvidos estão cansados dos milhares de sons estridentes que não param de atacá-los. Dê-me o espírito do menino Samuel quando ele Lhe disse: "[…] Fala, porque o teu servo ouve" (1 Samuel 3.10). Quero ouvi-lO falar ao meu coração. Quero acostumar-me ao som da Sua voz, para que todas as Suas nuances me sejam familiares e, quando os sons terrenos acabarem, o único será a melodia da Sua divina voz. Amém.

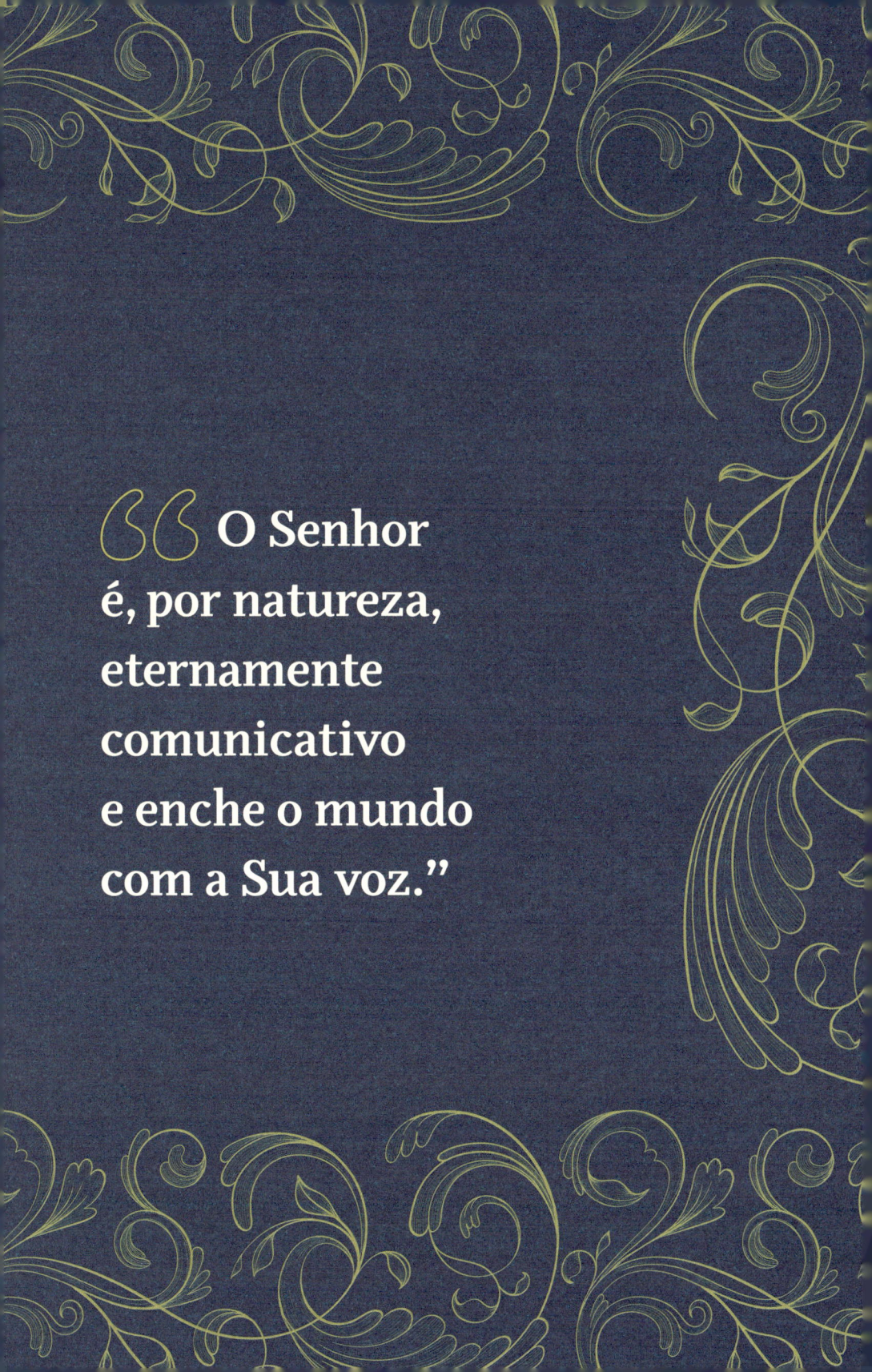

> "O Senhor é, por natureza, eternamente comunicativo e enche o mundo com a Sua voz."

Capítulo 7

A ALMA CONTEMPLATIVA

Olhando firmemente para o Autor e Consumador da fé, Jesus [...]. (Hebreus 12.2)

Consideremos a pessoa de inteligência mediana, mencionada no capítulo anterior, com as Escrituras em mãos para lê-las pela primeira vez. Ela abre a Bíblia sem qualquer conhecimento prévio sobre o conteúdo; não tem preconceito algum, nada a provar ou a defender. Essa pessoa não precisará ler por muito tempo até sua mente começar a perceber que certas verdades saltam das páginas.

Capítulo 7 | A ALMA CONTEMPLATIVA

São princípios espirituais por trás dos registros de como Deus Se relaciona com a Humanidade e estão entrelaçados nos escritos de homens santos como se fossem movidos pelo Espírito do Senhor (cf. 2 Pedro 1.21). À medida que lê, é possível que queira enumerar essas verdades que estão ficando claras e fazer um breve resumo para cada uma, sendo esses resumos os pressupostos do seu credo bíblico. Continuar a leitura não os afetará negativamente, apenas os expandirá e fortalecerá. Essa pessoa está descobrindo o verdadeiro ensino bíblico.

Bem no topo da lista desses preceitos estará a doutrina da fé. A posição de grande importância que a Bíblia dá a ela é óbvia para que passe despercebida. Provavelmente, concluirá: a fé é essencial para a vida da alma; sem ela, é impossível agradar ao Senhor (cf. Hebreus 11.6); ela pode me dar qualquer coisa, me levar para qualquer lugar do Reino de Deus. Além disso, sem ela, não existe relacionamento com a Trindade, nem perdão, libertação, salvação, comunhão ou possibilidade de uma vida espiritual.

Quando essa pessoa comum começar a ler o capítulo 11 de Hebreus, o elogio eloquente da fé que é ali desenvolvido não lhe soará estranho. Ela já terá lido a poderosa defesa paulina nas epístolas aos Romanos e aos Gálatas. Posteriormente, se continuar estudando a história da Igreja, compreenderá o poder espantoso dos ensinos dos reformadores ao apontarem o lugar central da fé na religião cristã.

Portanto, se a fé é de importância tão vital e indispensável na nossa busca por Deus, é natural que estejamos profundamente preocupados se possuímos ou não esse precioso dom. E, sendo nossas mentes como são, é inevitável que, mais cedo ou mais tarde, questionemos sobre a natureza dela. A pergunta "O que é a fé?" estaria bem ao lado de "Eu tenho fé?" e exigiria uma resposta, caso houvesse.

Quase todos os que pregam ou escrevem sobre o assunto dizem basicamente o mesmo: a fé significa crer em uma promessa, na

Palavra de Deus, reconhecer a Bíblia como verdade e viver segundo os seus ensinos. O restante do livro ou do sermão é preenchido com histórias de pessoas que, como consequência da fé, tiveram suas orações atendidas. Em sua maioria, essas respostas são dádivas imediatas de natureza prática e temporal, como a saúde, o dinheiro, a proteção física ou o sucesso nos negócios. No entanto, se aquele que ensina tiver influências filosóficas, pode acabar tomando outro rumo, enquanto nos perdemos em uma confusão metafísica ou submergimos em jargões psicológicos que são por ele definidos e redefinidos, podando a nossa pequena fé até o ponto de, por fim, transformá-la em retalhos indistinguíveis. Quando o professor termina, ficamos decepcionados e saímos "da mesma forma que entramos".[1] Com certeza, existem explicações melhores que essas.

As Escrituras praticamente não se esforçam para definir a fé. Com exceção da breve exposição em Hebreus 11.1, desconheço qualquer outra explicação bíblica, e, mesmo ali, ela é definida funcionalmente, não filosoficamente. Ou seja, é uma declaração do que a fé opera, não do que é em essência. O versículo pressupõe sua existência e mostra aquilo em que ela resulta em vez daquilo que é. Ficamos sabendo de sua causa e sua origem, visto que a fé "[...] é dom de Deus" (Efésios 2.8) e "vem pelo ouvir, e o ouvir, pela palavra de Cristo" (Romanos 10.17). Isso está claro, e, parafraseando Tomás de Kempis[2], "prefiro exercitar a fé a saber sua definição".

Daqui em diante, quando as palavras "a fé é", ou outras semelhantes, aparecerem, peço que sejam compreendidas como uma referência à fé ativa, aquela praticada pelo cristão. E é aqui que deixamos de lado essa ideia de definição, e pensamos sobre como podemos experimentá-la na realidade. Nossas reflexões se darão no âmbito prático, e não no teórico.

---

[1] Paráfrase da estrofe XXVII de *Os Rubaiyat*, de Omar Khayyan.
[2] N. E.: teólogo a quem atribui-se a autoria de uma das obras mais influentes da literatura cristã, *A imitação de Cristo*, publicada no século XV.

Capítulo 7 | A ALMA CONTEMPLATIVA

Vemos a fé em ação em uma história emocionante relatada no livro de Números. Israel ficou impaciente e falou contra Deus, então o Senhor enviou serpentes venenosas que mordiam o povo, e muitos morreram (cf. Números 21.6). Moisés orou e, como resposta, recebeu uma solução para a mordida dos animais: Deus o instruiu a fazer uma serpente de bronze e colocá-la no alto de um poste, para que todos a vissem. Aqueles que fossem picados, ao olhar para a cobra, receberiam cura (cf. Números 21.8). Moisés obedeceu; assim, quando alguém era ferido e olhava a serpente de bronze, permanecia vivo (cf. Números 21.9).

No Novo Testamento, esse trecho importante da história é interpretado por ninguém menos que o próprio Senhor Jesus Cristo, que está explicando aos Seus ouvintes como serão salvos e lhes diz que devem crer. Então, para esclarecer, Ele Se refere ao incidente registrado no livro de Números: "— E assim como Moisés levantou a serpente no deserto, assim também é necessário que o Filho do Homem seja levantado, para que todo o que nele crê tenha a vida eterna" (João 3.14-15).

Aquela pessoa comum, ao ler isso, faria uma importante descoberta. Ela perceberia que "olhar" e "crer" são termos equivalentes. "Olhar" para a serpente veterotestamentária é paralelo a "crer" no Cristo neotestamentário. Isto é, esses dois verbos são praticamente a mesma coisa. Assim, ela entenderia que, enquanto o olhar de Israel se dava por meio dos olhos exteriores, o crer acontece no coração. Possivelmente ela concluiria que fé é quando a alma contempla o Deus salvador.

Ao enxergar isso, ela se lembraria de passagens lidas anteriormente, e a compreensão de seus significados seria avassaladora:

> *Os que olham para ele ficarão radiantes; o rosto deles jamais se cobrirá de vexame.* (Salmos 34.5)

> *A ti, que habitas nos céus, elevo os olhos! Como os olhos dos servos estão atentos às mãos dos seus senhores, e os olhos da serva, à mão de sua senhora, assim os nossos olhos estão atentos ao Senhor, nosso Deus, até que tenha compaixão de nós.* (Salmos 123.1-2)

Aqui, o homem que busca a misericórdia contempla fixamente o Deus misericordioso e não desvia seu olhar d'Ele até alcançá-la. O próprio Senhor Jesus olhava continuamente para Deus: "[...] erguendo os olhos para o céu, os abençoou. Depois, tendo partido os pães, deu-os aos discípulos, e estes deram às multidões" (Mateus 14.19). De fato, Jesus ensinou que fazia Suas obras por sempre manter os olhos espirituais em Seu Pai: Seu poder estava em enxergá-lO constantemente (cf. João 5.19-21).

Todo o conteúdo da Palavra inspirada permanece em pleno acordo com os poucos versículos acima citados, e está resumido para nós na epístola aos Hebreus quando somos instruídos a correr a corrida que nos é proposta: "olhando firmemente para o Autor e Consumador da fé, Jesus [...]" (Hebreus 12.2). A partir disso, aprendemos que a fé não é um ato que acontece apenas uma vez, mas é quando os nossos corações avistam o Deus trino continuamente.

Crer, então, é direcionar o foco do nosso coração para Cristo. É elevar nossas mentes para que vejam o Cordeiro de Deus, que tira o pecado do mundo (cf. João 1.29), e admirá-lO sem parar pelo restante de nossas vidas. Em um primeiro momento, isso pode ser complicado, mas torna-se mais fácil à medida que olhamos com firmeza para a Sua Pessoa fascinante, em silêncio e sem impedimentos. As distrações podem atrapalhar; contudo, se, após cada vez que nos distanciarmos brevemente, o nosso coração estiver comprometido com o Senhor, voltaremos a nos concentrar e descansar n'Ele, como um pássaro errante que volta para casa.

Capítulo 7 | A ALMA CONTEMPLATIVA

Gostaria de enfatizar o compromisso único, o grande ato da vontade humana que estabelece o desejo pessoal de contemplar Jesus eternamente. Deus entende essa intenção como uma escolha nossa e permite as milhares de distrações que nos cercam neste mundo maligno. Ele sabe que apontamos a direção dos nossos corações para Cristo. Nós também sabemos e somos consolados por estarmos construindo um hábito da alma que se tornará, após algum tempo, uma espécie de reflexo espiritual, sem exigir qualquer outro esforço consciente da nossa parte.

A fé é a virtude menos egoísta. A sua própria natureza está pouco consciente de sua existência. Como o olho que enxerga tudo o que está à sua frente, mas nunca vê a si mesmo, a fé se preocupa com o objeto (ou Aquele) no qual se baseia e não presta atenção em si. Em outras palavras, quando olhamos para Deus, não nos vemos — que livramento! Quem lutou para se purificar, mas só conseguiu repetir os mesmos erros, experimentará um alívio verdadeiro se parar de se preocupar com a sua alma e olhar para Aquele que é perfeito. Ao

> O homem que busca a misericórdia contempla fixamente o Deus misericordioso e não desvia seu olhar d'Ele até alcançá-la.

direcionarmos nossa atenção para Cristo, tudo o que temos lutado para fazer será feito em nosso interior. Deus trabalhará no nosso querer e realizar (cf. Filipenses 2.13).

Em si mesma, a fé não é meritocrática. O mérito é d'Aquele a quem ela se dirige. Ela é um redirecionamento da nossa visão; é deixarmos de nos concentrar em nós para nos concentrarmos em Deus. O pecado distorceu nossa percepção de nós mesmos, e isso a transformou em algo egoísta. A falta de fé colocou o ego onde Deus deveria estar, um perigo parecido demais com o pecado de Satanás, que disse que exaltaria seu trono acima das estrelas, e seria semelhante ao Altíssimo (cf. Isaías 14.13-14). A fé olha para fora em vez de para dentro e, a partir daí, toda a nossa vida entra nos eixos.

É verdade que isso pode parecer muito simples, mas não existem subterfúgios. Aos que tentariam subir aos Céus, atrás de ajuda, ou descer ao Inferno, Deus diz: "[...] A palavra está perto de você [...] a palavra da fé [...]" (Romanos 10.8). As Escrituras nos induzem a fitarmos o Senhor, e nisso a santa obra da fé começará. Ao levantarmos os olhos espirituais para contemplar a Deus, temos a certeza de que encontraremos Seu olhar de amor a nos observar, pois está escrito que os olhos do Senhor estão atentos sobre toda a Terra (cf. 2 Crônicas 16.9). As doces palavras que derivam dessa experiência são: "[...] Tu és o Deus que vê [...]" (Gênesis 16.13). Quando a alma está olhando para fora e encontra o Senhor observando-a de volta, o Paraíso se torna real bem aqui.

Da mesma forma, assim escreveu Nicolau de Cusa há quatrocentos anos:

> Quando todo o meu esforço está voltado para Ti, pois todo o Teu esforço está voltado para mim; quando olho só para Ti com a máxima atenção e jamais desvio os olhos da mente, pois Tu me envolves com estima infinita; quando volto o meu amor só para Ti, pois Tu, que és o próprio amor, estás voltado só para mim. E o que é, Senhor, a minha vida, se não o abraço no qual o deleite da Tua doçura me envolve com tanto amor? ³

Gostaria de falar mais sobre esse homem de Deus. Atualmente, ele não é muito conhecido pelos cristãos devotos, menos ainda pelos fundamentalistas. Tenho a impressão de que seria bastante proveitoso conhecermos um pouco sobre as pessoas com essa essência espiritual e a escola de pensamento que elas representam. Ora,

---

³ Nicholas of Cusa, *The vision of God*, 1928, tradução nossa.

Capítulo 7 | A ALMA CONTEMPLATIVA

para que os livros cristãos sejam aprovados e aceitos pelos líderes evangélicos dos nossos dias, devem seguir precisamente as mesmas ideias, uma espécie de "linha partidária", da qual não é muito seguro fugir. Reproduzi-la por meio século fez com que os cristãos norte-americanos se tornassem arrogantes e presunçosos. Imitamos uns aos outros com devoção servil, e nossos esforços mais intensos são na tentativa de dizer exatamente as mesmas coisas que aqueles à nossa volta. Como justificativa para permanecer falando mais do mesmo, acrescentamos aos temas aprovados alguma pequena mudança que esteja dentro de uma margem de segurança ou, pelo menos, uma nova ilustração.

Nicolau era um verdadeiro seguidor de Cristo, um apaixonado pelo Senhor. Sua devoção à Pessoa de Jesus era alegre e admirável. Sua teologia era ortodoxa, mas exalava um doce e agradável aroma, que é o que se espera de tudo o que vem de Deus. Sua concepção de vida eterna, por exemplo, é bela e, se não me engano, mais próxima, em espírito, a João 17.3 do que a concepção vigente entre nós. A vida eterna, diz Nicolau, é:

> Nada além da santa estima com a qual Tu não cessas de me olhar, sim, mesmo nos lugares secretos da minha alma. Contigo, contemplar é vivificar; é partilhar do mais doce amor por Ti sem cessar; é inflamar-me de amor por Ti nesse compartilhar; é alimentar-me dessas chamas, fazendo arder o meu anseio; e, assim, ardendo, faz-me beber o orvalho da alegria, preenchendo-me da fonte da vida, fazendo-a crescer e perdurar.[4]

Ora, se a fé é o contemplar a Deus com o coração, e se isso é nada além de elevar os olhos espirituais para que encontrem o olhar cauteloso do Senhor, então, ela é uma das coisas mais fáceis de se fazer.

---

[4] *Ibidem.*

É como se Ele facilitasse o acesso ao que nos é mais vital, colocando-o ao alcance dos fracos e pobres.

Podemos tirar inúmeras conclusões disso tudo — a simplicidade, por exemplo. Se crer é olhar, não precisamos de equipamentos especiais ou apetrechos religiosos para fazê-lo. Deus cuidou para que aquilo que é essencial na vida e na morte nunca esteja sujeito aos caprichos do acaso. Afinal, os equipamentos se quebram ou se perdem, a água escoa em vazamentos, os documentos são consumidos pelas chamas, o pastor se atrasa, a igreja pega fogo. Tudo o que é externo à alma está sujeito a acidentes e falhas técnicas, mas esse olhar vem do coração e pode ser exercido com sucesso por qualquer homem (esteja ele de pé, de joelhos ou derrubado por uma aflição recente, a milhares de quilômetros de qualquer igreja).

Se crer é olhar, podemos fazê-lo a qualquer momento. Não há uma data superior a outra para que esse, que é o mais agradável dos atos, aconteça. Deus não fez com que a salvação dependesse de luas novas, dias santos ou *shabbaths*[5]. Uma pessoa não está mais próxima de Cristo no domingo de Páscoa do que em qualquer outro dia (seja no sábado, dia 3 de agosto, ou na segunda, dia 4 de outubro). Enquanto Jesus ocupar o grandioso lugar de mediador, todo dia é digno, a salvação nos alcança diariamente. Na gloriosa obra que é crer em Deus, o lugar também não importa. Eleve o coração, descanse em Jesus e estará imediatamente em um santuário, seja ele um escritório, uma fábrica ou uma cozinha.[6] Você verá o Senhor de qualquer lugar se a sua mente estiver disposta a amá-lO e a obedecer-Lhe. Então, alguém pode perguntar: "Isso que você está falando não é para pessoas especiais,

---

[5] N. E.: o sábado — dia de descanso e santificação dedicado ao Senhor (cf. Êxodo 20.8-11).

[6] N. T.: no original, no lugar de "escritório", o autor utiliza o termo *pullman berth* — uma espécie de cabine de trem que, durante os séculos XIX e XX, era majoritariamente ocupada pelas classes média e alta. Isso indica que a intenção de Tozer era abarcar vários segmentos sociais: o executivo, o operário e a dona de casa.

como os monges ou os pastores? Pois eles têm, devido à natureza de seus chamados, mais tempo para se dedicar à meditação silenciosa. Sou um trabalhador ocupado e passo pouco tempo sozinho". Com alegria, digo que a vida que descrevo é para todos os filhos de Deus, independentemente de seus chamados. É, na verdade, experimentada com satisfação por muitas pessoas trabalhadoras, e não está fora do alcance de ninguém.

Muitos encontraram o segredo do qual falo e, sem pensar muito sobre o que está acontecendo em seu ser, sempre colocam em prática esse hábito de contemplar o Senhor em espírito. Sabem que algo em seus corações vê Deus. Mesmo quando são obrigados a desviar a atenção consciente para se envolver em assuntos terrenos, em seu interior estão, constantemente, em uma comunhão secreta. Assim que são liberados desses assuntos importantes, logo voltam-se para o Senhor. Esse é o testemunho de muitos cristãos; são tantos que, ao falar sobre isso, sinto que os estou citando, apesar de não ter como saber exatamente a quem ou a quantos.

> Ao levantarmos os olhos espirituais para contemplar a Deus, temos a certeza de que encontraremos Seu olhar de amor a nos observar.

Não quero deixar a impressão de que os meios comuns da graça não têm valor. Eles, com toda a certeza, têm. A oração individual deve ser praticada por todos os cristãos. Os longos períodos de meditação nas Escrituras purificarão e direcionarão o nosso olhar. Ir à igreja ampliará nossa perspectiva e aumentará o amor que sentimos pelos outros. Os cultos, os ministérios e as programações são bons, e cada cristão deve participar deles. Mas, na base de todas essas coisas, dando-lhes sentido, estará o hábito espiritual de contemplar a Deus. Desenvolveremos novos olhos (de certa maneira) em nosso espírito, e eles nos capacitarão a fixar a atenção no Senhor ao mesmo tempo que os nossos olhos físicos enxergam os acontecimentos deste mundo passageiro.

É possível acreditar que tal destaque à religião individual dá margem a um nível desproporcional, no qual o "nós", presente no Novo Testamento, é substituído pelo "eu". Porém, já parou para pensar que cem pianos afinados pelo mesmo diapasão estão automaticamente afinados entre si? A harmonia passa a existir por meio do critério ao qual cada um deles foi submetido individualmente. Logo, cem adoradores reunidos, cada um olhando para Cristo, estão intimamente mais próximos um do outro do que jamais estariam se tentassem se tornar uma "unidade" consciente, ao desviar seus olhares de Deus, esforçando-se para estreitar a comunhão. A religião social é aprimorada quando a individual é purificada. O corpo é fortalecido à medida que seus membros se tornam mais saudáveis. Toda a Igreja do Senhor ganha quando os membros que a compõem começam a buscar uma vida melhor e mais elevada.

Cada palavra dita até este momento pressupõe o arrependimento verdadeiro e a vida totalmente rendida ao Senhor. Imagino que nem sequer seja necessário falar isso, pois apenas as pessoas que se comprometeram dessa forma terão lido até aqui.

Quando o hábito de contemplar a Deus com os olhos da alma estiver consolidado em nós, seremos conduzidos a um novo nível de vida espiritual, mais coerente com as Suas promessas e com o espírito do Novo Testamento. O Deus trino será nossa habitação, mesmo enquanto cumprimos nossas obrigações terrenas básicas entre os homens. Teremos realmente encontrado o *summum bonum*[7] da vida:

> Ali está a fonte de todas as delícias que podem ser desejadas; não só nada melhor pode ser imaginado pelos homens e pelos anjos, como nada melhor pode existir em qualquer forma de existência! Pois é o máximo absoluto de todo desejo racional, não existe nada superior.[8]

---

[7] N. E.: isto é, o sumo bem.
[8] Nicholas of Cusa, *op. cit.*

Ó Deus, ouvi verdades que me convidam a olhar para o Senhor e, ali, encontrar satisfação. Meu coração anseia responder-Lhe, mas o pecado nublou minha visão, e quase não consigo vê-lO. Que Lhe apraza limpar-me em Seu precioso sangue e fazer-me puro o interior, assim poderei contemplá-lO com olhos apurados por todos os dias da minha peregrinação na Terra. Então, serei preparado para olhar para todo o Seu esplendor no dia em que o Senhor aparecer para ser glorificado por todos os Seus santos e admirado por todos aqueles que creem. Amém.

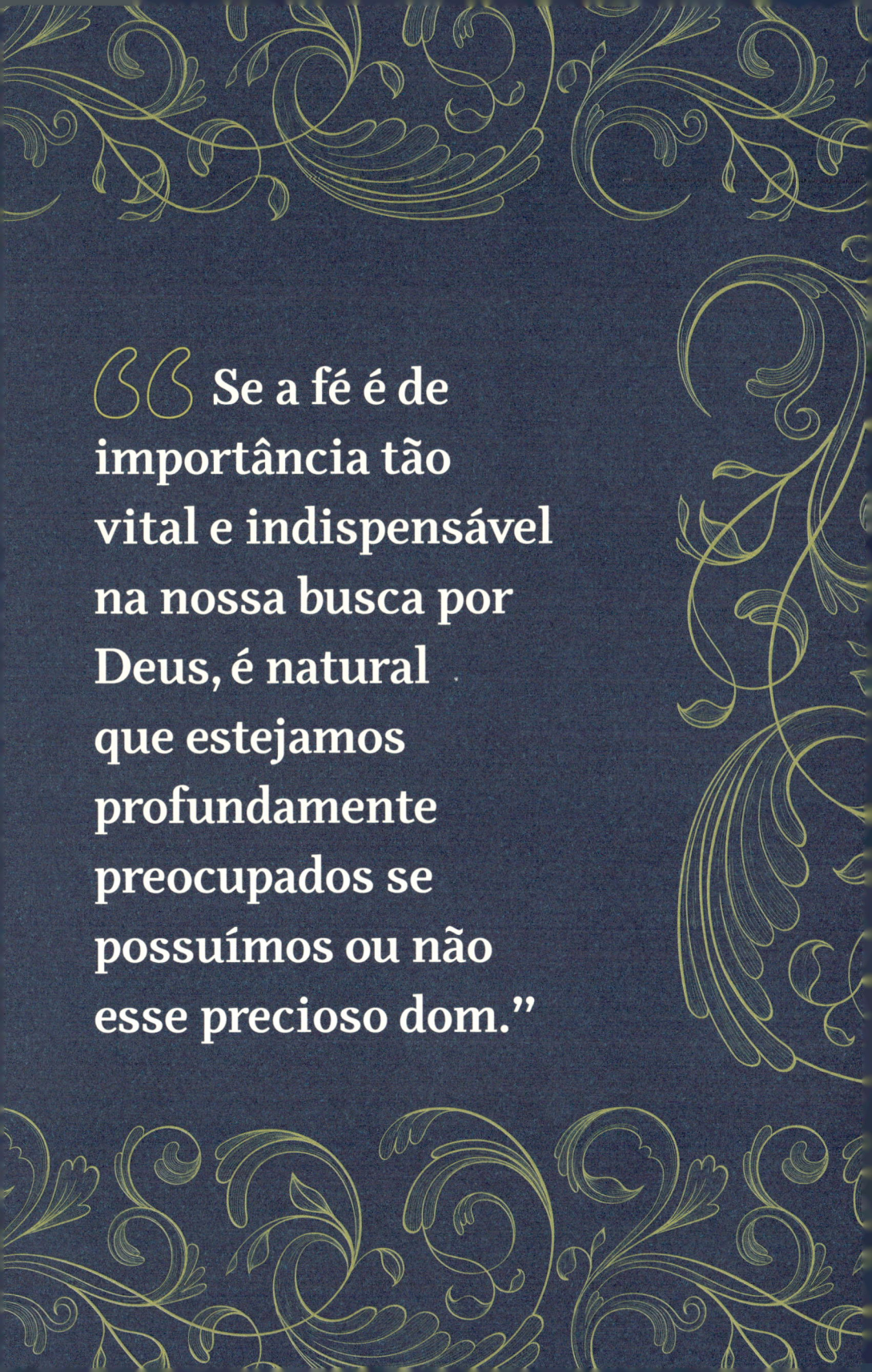

"Se a fé é de importância tão vital e indispensável na nossa busca por Deus, é natural que estejamos profundamente preocupados se possuímos ou não esse precioso dom."

Capítulo 8

RESTAURANDO A RELAÇÃO CRIADOR-CRIATURA

Sê exaltado, ó Deus, acima dos céus; e em toda a terra brilhe a tua glória. (Salmos 57.5)

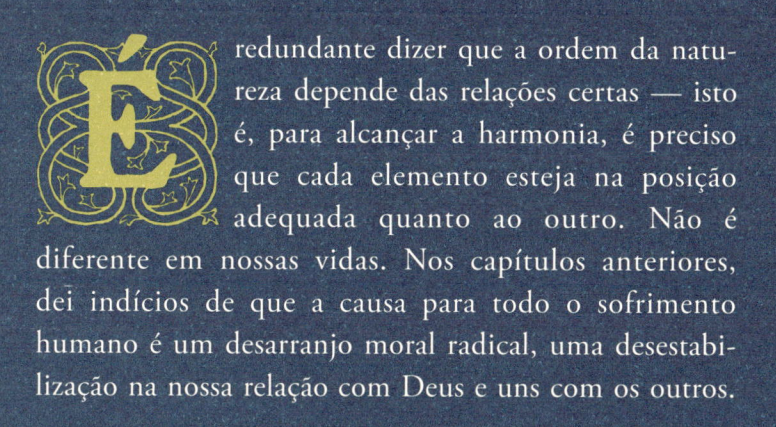

É redundante dizer que a ordem da natureza depende das relações certas — isto é, para alcançar a harmonia, é preciso que cada elemento esteja na posição adequada quanto ao outro. Não é diferente em nossas vidas. Nos capítulos anteriores, dei indícios de que a causa para todo o sofrimento humano é um desarranjo moral radical, uma desestabilização na nossa relação com Deus e uns com os outros.

Capítulo 8 | RESTAURANDO A RELAÇÃO CRIADOR-CRIATURA

Afinal, independentemente das suas demais implicações, a Queda foi, com toda a certeza, uma mudança brusca no modo como a Humanidade se relaciona com Aquele que a criou. Adão perverteu sua atitude para com Deus e, ao fazer isso, destruiu o elo legítimo entre Criador e criatura — era nele que, sem saber, o Homem encontrava sua verdadeira felicidade. Essencialmente, a salvação é a restauração do relacionamento correto entre a Humanidade e o Senhor, um retorno ao estado original entre ambos.

Uma vida espiritual satisfatória começa com a mudança completa na forma como Deus interage com o pecador; não é uma mera alteração de status judicial, mas de consciência e vida, que afeta por completo a natureza daquele que pecou. A redenção alcançada pelo sangue de Jesus torna possível essa modificação legal, e a obra do Espírito Santo a faz emocionalmente recompensadora. A história do filho pródigo (cf. Lucas 15.11-32) ilustra com perfeição o último ponto. Ele trouxera o caos sobre si após renunciar à posição que tinha como filho do seu pai. No fundo, a sua restauração foi apenas o restabelecimento do vínculo que existia desde o seu nascimento, mas que fora temporariamente alterado pelo seu comportamento rebelde e pecaminoso. Essa história omite os aspectos legais da redenção, mas é lindo como elucida as características da experiência salvífica.

Ao estabelecermos relacionamentos, precisamos começar de algum lugar. Neles deve existir uma unidade invariável a partir da qual tudo é medido, onde não há espaço para a lei da relatividade, e podemos dizer que algo "é" sem fazer concessões. Deus é essa unidade. Ao fazer-Se conhecido entre os Homens, não achou para Si um nome melhor do que "Eu Sou" (cf. Êxodo 3.14). Ao falar na primeira pessoa do singular, Ele diz: "Eu Sou"; ao falarmos d'Ele, dizemos "Ele é"; ao falarmos com Ele, dizemos "Tu és". Tudo o que existe — assim como todos — é medido a partir deste ponto invariável. "[...] Eu Sou o que Sou [...]" (Êxodo 3.14), disse o Deus que não muda (cf. Malaquias 3.6).

Assim como o marinheiro se localiza no mar ao guiar-se pelo sol, nós aprendemos nossa orientação moral ao olharmos para Deus. Precisamos começar por Ele. Nós estaremos certos quando estivermos em uma posição correta quanto ao Pai e errados enquanto ocuparmos qualquer outra. Sendo cristãos que buscam ao Senhor, grande parte da nossa dificuldade vem por relutarmos em abraçá-lO como é e em adaptar as nossas vidas a Ele. Insistimos em tentar modificá-lO e aproximá-lO da nossa própria imagem. A carne geme diante do rigor inevitável da sentença divina e implora, assim como Agague (cf. 1 Samuel 15), por um pouco de misericórdia, de clemência, em relação aos seus desejos. Contudo, isso é inútil. Só começaremos da maneira certa se aceitarmos a Deus e aprendermos a amá-lO pelo que Ele é.

Ao prosseguirmos em conhecê-lO melhor (cf. Oseias 6.3), encontraremos uma fonte de alegria indescritível sabendo que Deus é exatamente o que é. Alguns dos momentos mais extasiantes das nossas vidas serão aqueles em que passarmos admirando o Senhor com reverência. Nessas sagradas ocasiões, será uma dor insuportável o mero pensamento de que Ele pode mudar. Comecemos com Deus. Por trás de tudo, acima de tudo, antes de tudo, está o Senhor. Ele está em primeiro lugar, é superior em hierarquia e posição, é exaltado em dignidade e honra. Como Aquele que é autoexistente, criou todas as coisas, e tudo existe por Ele e para Ele (cf. Romanos 11.36): "Tu és digno, Senhor e Deus nosso, de receber a glória, a honra e o poder, porque criaste todas as coisas e por tua vontade elas vieram a existir e foram criadas" (Apocalipse 4.11).

Todas as almas pertencem ao Senhor e existem para o Seu prazer. Sendo Ele quem e o que é, e nós, quem e o que somos, a única relação plausível entre ambos é a do Seu total senhorio e da nossa completa submissão. Devemos ao Altíssimo toda a glória que formos capazes de dar. Nosso eterno pesar está em oferecermos menos do que isso.

Buscá-lO compreenderá a tarefa de fazer com que toda a nossa personalidade se conforme à Sua. E, nesse caso, não é no aspecto judicial, mas no real. Não me refiro aqui à justificação pela fé em Cristo; falo de uma exaltação intencional da superioridade característica de Deus sobre nós e de uma entrega voluntária de todo o nosso ser à posição de submissão reverente apropriada à relação Criador-criatura.

No momento em que decidirmos seguir com essa determinação de exaltá-lO acima de tudo, sairemos do palco do mundo, veremos que não nos encaixamos nos moldes terrenos, e isso se tornará cada vez mais real à medida que avançamos em santidade. Teremos um novo ponto de vista; uma mente nova e diferente será formada em nós, e um poder inédito começará a nos surpreender com o ir e vir do Seu fluir.

Romper com aquilo que é mundano será a consequência direta da mudança da nossa relação com Deus, pois o mundo dos homens transgressores não honra o Senhor. Milhões de pessoas dizem que O seguem e demonstram um respeito simbólico por Ele, mas um teste simples revelará o quão pouco o Altíssimo é verdadeiramente honrado entre elas. Quando um homem comum for colocado à prova quanto a quem ocupa o primeiro lugar em sua vida, a verdade será exposta. Obrigue-o a escolher entre Deus e o dinheiro; os homens; as ambições pessoais; o ego; o amor humano — o Senhor ficará em segundo lugar todas as vezes, e as outras opções serão exaltadas.

Por mais que as pessoas protestem contra essa verdade, a prova está nas escolhas que fazem diariamente, durante toda a sua vida. "Exalta-te, Senhor [...]" (Salmos 21.13) é o que a língua da experiência espiritual bem-sucedida proclama; trata-se de uma chavezinha que abre as portas para os grandes tesouros da graça, e é essencial para a vivificação da alma.

Se todo aquele que O busca, alcançar o lugar onde a sua vida e os seus lábios dizem "Exalta-te, Senhor" continuamente, milhares de problemas secundários serão resolvidos de uma só vez. A vida cristã deixará de ser complicada como antes e se tornará essencialmente simples e, pelo exercício da sua vontade humana, o fiel estabelecerá o seu caminho e nele seguirá, como se guiado por um piloto automático. Caso algum vento adverso o desvie do rumo, ele certamente o retomará como se por uma misteriosa submissão da alma. Os movimentos secretos do Espírito estarão trabalhando em seu favor, e as estrelas, desde os lugares dos seus cursos, lutarão por ele (cf. Juízes 5.20). Ele também lidará com o cerne dos seus problemas, e tudo o mais se ajustará a essa realidade. Não pense que ele perderá parte da sua dignidade humana devido a essa entrega voluntária de tudo o que é ao seu Deus, pois, ao fazê-lo, não se rebaixará como homem; pelo contrário, encontrará seu correto lugar grandemente honrado como alguém que foi feito à imagem do seu Criador (cf. Gênesis 1.27). Sua profunda desgraça está no seu desarranjo moral, na depravação de tentar usurpar o lugar do Altíssimo. Sua honra será provada ao reaver ao Senhor o trono roubado; ao exaltá-lO acima de tudo, ele perceberá que possui a mais alta delas.

> Quando um homem comum for colocado à prova quanto a quem ocupa o primeiro lugar em sua vida, a verdade será exposta.

Aqueles que se sentem relutantes em se submeter a outros deveriam se lembrar das palavras de Jesus: "[...] todo o que comete pecado é escravo do pecado" (João 8.34). Temos a necessidade de servir a alguém — seja a Deus ou ao pecado. O pecador se orgulha da sua independência, ignorando por completo o fato de que está preso às práticas pecaminosas que controlam seu corpo. Já o homem que se entrega a Cristo troca um senhor de escravos cruel por um Mestre gentil e amável, cujo fardo é leve e o jugo, suave (cf. Mateus 11.30).

Como fomos feitos à imagem de Deus, dificilmente acharemos estranho que Ele volte a ser o nosso Tudo. O Senhor era o nosso primeiro habitat, e nossos corações só podem sentir-se em casa ao entrar novamente naquela antiga e bela morada. Espero que esteja

Capítulo 8 | RESTAURANDO A RELAÇÃO CRIADOR-CRIATURA

claro que existe uma lógica por trás de Sua reivindicação à preeminência para Si, esse lugar é Seu por direito, seja na Terra ou no Céu. Enquanto usurparmos o espaço que é d'Ele, todo o curso das nossas vidas estará fora dos eixos. Nada poderá nem irá restaurar a ordem até que os nossos corações decidam: o Senhor precisa ser exaltado acima de tudo.

"[…] honrarei aqueles que me honram […]" (1 Samuel 2.30), disse Deus certa vez a um sacerdote de Israel, e essa antiga lei do Reino segue em voga, inalterada pela passagem do tempo ou pelas mudanças das Eras. Toda a Bíblia e todas as páginas da História proclamam a perpetuação dessas palavras. "[…] E, se alguém me servir, meu Pai o honrará" (João 12.26), disse o Senhor Jesus, ligando o Antigo ao Novo Testamento e revelando a unidade essencial no Seu relacionamento com a Humanidade.

Às vezes, a melhor forma de ver algo é olhar para o seu oposto. Eli e seus filhos foram designados ao sacerdócio com a condição de que honrassem a Deus com as suas vidas e os seus ministérios. Eles falharam nisso, e o Senhor enviou Samuel para lhes anunciar as consequências (cf. 1 Samuel 2.12-17; 3). Por mais que Eli a desconhecesse, a Palavra dita a respeito da honra recíproca sempre esteve secretamente em ação, e aquela era a hora do julgamento. Hofni e Fineias, os sacerdotes degenerados, morreram em batalha; a esposa de Hofni faleceu ao dar à luz; Israel fugiu diante dos seus inimigos; a arca da aliança foi apreendida pelos filisteus; e o velho Eli caiu para trás e morreu ao quebrar o pescoço (cf. 1 Samuel 4). Foi assim que uma tragédia absoluta resultou do fracasso de Eli em honrar a Deus.

> O homem que se entrega a Cristo troca um senhor de escravos cruel por um Mestre gentil e amável, cujo fardo é leve e o jugo, suave.

Agora, comparemos com ele quase qualquer outro personagem bíblico que realmente tentou glorificar o Senhor durante a sua caminhada sobre a Terra. Perceba como Ele tolerou fraquezas e ignorou erros à medida que derramava a Sua graça e as Suas bênçãos incomensuráveis sobre os servos. Considere Abraão, Jacó, Davi, Daniel, Elias ou quem você quiser. A honra sucedeu a honra, assim como a colheita sucede a semeadura. O homem de Deus determinava em seu coração que O exaltaria sobre tudo; o Altíssimo aceitava as suas intenções como se fossem fatos e agia de acordo com elas. Não foi a perfeição, mas o intento santo que fez a diferença.

Em nosso Senhor Jesus Cristo, vimos essa lei na mais simples perfeição. Em Sua humilde masculinidade, humilhou-Se e alegremente deu toda a glória ao Seu Pai nos Céus. Ele não buscou Sua própria honra, mas aquela do Deus que O enviara. Jesus disse, certa vez: "[...] Se eu glorifico a mim mesmo, a minha glória não é nada. Quem me glorifica é o meu Pai, o qual vocês dizem que é o Deus de vocês" (João 8.54).

Outra declaração de Jesus — uma das mais inquietantes — foi feita em forma de pergunta: "Como podem crer, vocês que aceitam glória uns dos outros e não procuram a glória que vem do Deus único?" (João 5.44). Se entendi corretamente, ali, Cristo ensinou a espantosa doutrina de que o desejo de honra entre os homens impossibilitou a fé. Esse pecado está na base da incredulidade religiosa? Será que as "dificuldades intelectuais" que os seres humanos usam como desculpa para a sua incapacidade de crer são só uma cortina de fumaça para esconder o motivo verdadeiro? Significa que foi esse desejo ganancioso de ser honrado pelos Homens que os transformou em fariseus, e os fariseus em deicidas? Seria esse o segredo por trás da religiosidade hipócrita e da adoração vazia? Acho que talvez seja. Todo o fluxo da vida é desequilibrado quando falhamos em colocar Deus em Seu lugar de direito. Exaltamos a nós mesmos em vez d'Ele e, assim, a lei continua em voga.

Em nosso anseio pelo Senhor, tenhamos sempre em mente que Deus também possui desejos, e eles são direcionados aos filhos dos homens, e, principalmente, àqueles que farão a escolha definitiva de exaltá-lO acima de tudo. Pois eles são mais preciosos para Ele do que todas as riquezas da terra e do mar. Neles, é encontrado um palco onde Sua bondade infinita pode ser mostrada em Cristo Jesus. Por meio deles, o Altíssimo consegue caminhar sem impedimentos e, para com eles, age como o Deus que é. Ao falar assim, tenho um medo: convencer a mente, mas não de modo integral ou genuíno, antes que o Senhor conquiste o coração. Pois não é fácil tomar a decisão de colocá-lO acima de tudo. É possível que nossos pensamentos concordem com isso, enquanto nossa vontade não permite que o pratiquemos. Ao mesmo tempo que a imaginação se apressa em honrar a Deus, o desejo humano fica para trás, e o Homem nunca se dá conta do quão dividido está o seu coração; ele precisa estar completamente decidido antes que o seu interior experimente alguma satisfação verdadeira. Deus nos quer por inteiro e não descansará até nos conquistar integralmente. Partes isoladas não servem.

> **Todo o fluxo da vida é desequilibrado quando falhamos em colocar Deus em Seu lugar de direito. Exaltamos a nós mesmos em vez d'Ele e, assim, a lei continua em voga.**

Oremos por isso detalhadamente, lancemo-nos aos Seus pés e sejamos sinceros em tudo o que dissermos. Ninguém que ora com tanta sinceridade precisa esperar por muito tempo pelos sinais de aceitação divina. Deus revelará Sua glória diante dos olhos do Seu servo e colocará todos os Seus tesouros à disposição dele, pois Ele sabe que Sua honra está segura nessas mãos consagradas.

Ó Deus, que o Senhor seja exaltado sobre tudo o que tenho. Nenhuma riqueza terrena me parecerá preciosa se apenas o Senhor for glorificado em minha vida. Seja exaltado acima das minhas amizades. Estou determinado a colocá-lO acima de todas as coisas, ainda que eu tenha de ficar desamparado e sozinho no mundo. Seja exaltado acima de minha comodidade, e, mesmo que isso signifique perder o conforto físico e carregar cruzes pesadas, manterei as promessas que fiz hoje diante do Senhor. Seja exaltado acima da minha reputação. Faça com que eu anele agradar-Lhe, ainda que, como consequência, eu desapareça na obscuridade e o meu nome seja esquecido como um sonho. Toma, ó Senhor, o Seu lugar de honra acima das minhas ambições, dos meus gostos e desgostos, da minha família, da minha saúde e, até mesmo, da minha própria vida. Que eu diminua, e o Senhor cresça. Que eu desapareça, e o Senhor seja manifesto. Use-me assim como o Senhor usou o humilde jumentinho, o potro, o filhote de burro, ao entrar em Jerusalém, e permita que eu ouça as crianças clamarem: "Hosana nas alturas".

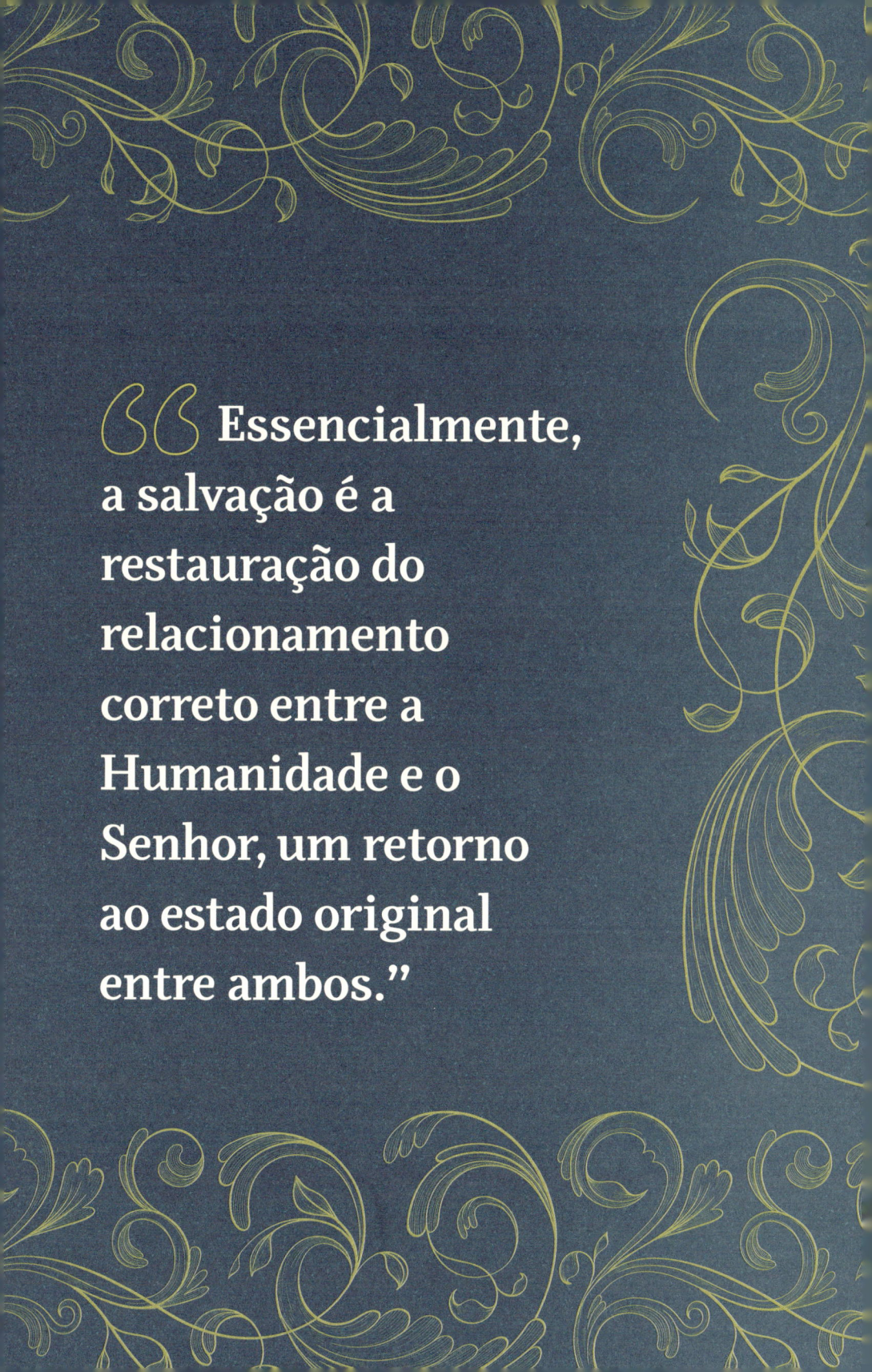

> "Essencialmente, a salvação é a restauração do relacionamento correto entre a Humanidade e o Senhor, um retorno ao estado original entre ambos."

Capítulo 9

MANSIDÃO E DESCANSO

Bem-aventurados os mansos, porque herdarão a terra. (Mateus 5.5)

Caso você não esteja familiarizado com a raça humana, é possível conseguir uma descrição muito precisa dela ao inverter as bem-aventuranças mencionadas por Jesus. Se fizermos isso, encontraremos a humanidade, pois as características da vida e conduta das pessoas são o exato oposto das virtudes citadas pelo Senhor.

Capítulo 9 | MANSIDÃO E DESCANSO

No mundo caído, não encontramos nada parecido com as bem-aventuranças sobre as quais Jesus falou nas palavras introdutórias do famoso Sermão do Monte (cf. Mateus 5-7). A pobreza em espírito foi substituída pelo pior tipo de orgulho; as pessoas que choram, fazem-no pela procura do prazer; a humildade foi trocada por arrogância; a fome de justiça, pelas declarações: "Sou rico, tenho muitos bens e não preciso de nada"; a misericórdia, por crueldade; a pureza de coração, por mentes corruptas; os pacificadores, por homens briguentos e rancorosos; a alegria no sofrimento, pela ânsia de revidar com todas as armas à sua disposição.

A sociedade civilizada é composta desses tipos de moralidade, que estão em todo lugar: desde o ar que respiramos até o leite materno que bebemos. A cultura e a educação os refinam muito pouco e, por isso, deixam-nos praticamente intocados. Para justificar esse tipo de vida como o único normal, todo um universo literário foi criado, e isso é ainda mais surpreendente quando percebemos que esses males fazem da existência uma luta amarga para todos nós. Cada uma das nossas mágoas e muitas das nossas doenças físicas têm origem direta nos nossos pecados. O orgulho, a arrogância, o rancor, a mente depravada, a malícia e a ganância são fontes de mais dores terrenas do que todas as doenças que já afligiram o corpo mortal.

Em um mundo adâmico, as declarações de Jesus soam maravilhosas e estranhas — uma manifestação dos Céus. É bom que Ele tenha falado, porque ninguém o faria tão bem. Ao mesmo tempo, é bom que escutemos; afinal, Suas palavras são a essência da verdade. Jesus não está exprimindo a Sua opinião, nunca fez isso e nunca supôs nada. Ele sabia e sabe. Suas palavras não são como as de Salomão, uma coletânea de profunda sabedoria ou até mesmo resultados da observação aguçada. Ele Se comunica a partir da plenitude de Sua divindade, e o que diz é a própria verdade. O Senhor é o único que poderia pronunciar "bem-aventurado" com total autoridade, porque é o Bem-Aventurado enviado dos Céus para outorgar bênçãos sobre as pessoas. Suas declarações vieram acompanhadas dos feitos mais poderosos já realizados por um homem na face da Terra. É sábio O escutarmos.

Como acontecia com frequência, Jesus usou o vocábulo "manso" em uma frase curta e simples e só a explicou algum tempo depois. Ainda no livro de Mateus, Ele nos fala mais sobre esse termo e o aplica nas nossas vidas:

> *Venham a mim todos vocês que estão cansados e sobrecarregados, e eu os aliviarei. Tomem sobre vocês o meu jugo e aprendam de mim, porque sou manso e humilde de coração; e vocês acharão descanso para a sua alma. Porque o meu jugo é suave, e o meu fardo é leve.* (Mateus 11.28-30)

Temos aqui o contraste entre o fardo e o descanso. O primeiro não está localizado geograficamente nem é exclusivo aos primeiros ouvintes, mas é carregado por toda a humanidade. Não se trata de opressão política, pobreza ou trabalho árduo, é muito mais profundo. Ele é experimentado por ricos e pobres, pois nem a riqueza nem a ociosidade podem nos livrar dele.

Esse fardo é pesado e esmagador. A palavra usada por Jesus refere-se a carregar uma carga ou suportar um trabalho fastidioso até ficar exausto, sendo que o descanso em si equivale apenas a se libertar do peso. Não é algo que fazemos, mas que nos alcança quando paramos de lutar. É a mansidão de Cristo.

> Ao mesmo tempo, é bom que escutemos; afinal, Suas palavras são a essência da verdade. Jesus não está exprimindo a Sua opinião, nunca fez isso e nunca supôs nada. Ele sabia e sabe.

Examinemos o nosso fardo: ele é totalmente interior; ataca o coração e a mente, e só contagia o corpo a partir disso. Seu funcionamento acontece da seguinte forma: primeiro, temos a carga do orgulho. Amar a si mesmo é, de fato, um trabalho pesado que, muitas vezes, entristece. Talvez grande parte da sua tristeza seja fruto das ofensas de alguém. Quando você se comporta como uma pequena divindade a quem todos devem ser fiéis, algumas pessoas aproveitam a chance para afrontar esse seu ídolo. Ou seja, como você espera ter paz interior? Os grandes esforços empregados pelo seu coração para se proteger das ofensas e defender seu orgulho sensível das más opiniões dos seus amigos e inimigos nunca deixarão a sua mente descansar. Insistir nessa luta ao longo dos anos tornará o fardo insuportável. Contudo, os filhos do mundo sempre o carregam, rebatendo tudo o que falam contra eles, encolhendo-se diante das críticas, afligindo-se com cada possível ofensa, inquietando-se sem conseguir dormir quando outra pessoa é mais benquista do que eles.

Não precisamos carregar fardos assim. Jesus nos chama para o Seu descanso, e a mansidão é o método utilizado por Ele. O homem manso não perde tempo pensando em quem é melhor, porque decidiu há muito que não vale a pena amar o mundo; desenvolve um bom senso de humor sobre si mesmo, no qual aprende a dizer: "Então se esqueceram de você? Priorizaram outra pessoa? Estão cochichando que, no fim das contas, você não tem importância alguma? E agora está magoado porque o mundo faz os mesmos comentários que você repete para si? Ontem mesmo você estava alegando ser um nada diante de Deus, apenas um verme rastejante. Cadê a sua consistência? Vamos, humilhe-se e pare de se importar com a opinião dos outros".

A pessoa mansa não é insegura, atormentada por se achar inferior. Pelo contrário, ela pode ser moralmente corajosa como um leão (cf. Provérbios 28.1) e forte como Sansão (cf. Juízes 13-16), mas já não se engana consigo própria e aceitou a opinião de Deus sobre ela. Ela tem consciência de ser tão fraca e dependente quanto Ele disse que ela é, mas, paradoxalmente, também sabe que, aos Seus olhos, é mais importante do que os anjos. Em si mesma, nada; em Deus, tudo. Esse é o seu lema. Ela entende bem que o mundo nunca a enxergará como o Senhor e, assim, parou de se importar. Descansa, plenamente disposta a deixá-lO preenchê-la com os Seus valores. Esperará com paciência o dia no qual todas as coisas receberão o devido crédito e, em consequência, serão valorizadas adequadamente. Então os justos brilharão para sempre no Reino do seu Pai (cf. Mateus 13.43). Essa pessoa está disposta a esperar por esse dia.

Enquanto isso, ela terá conseguido um lugar para descansar a alma. Ao caminhar em mansidão, ficará alegre deixando Deus defendê-la. A velha guerra para proteger a si mesma acabou: foi encontrada a paz que vem com a mansidão.

Em segundo lugar, ela também será livrada do fardo do fingimento. Não estou falando sobre hipocrisia aqui, mas sobre o desejo normal de mostrar ao mundo o seu melhor resultado enquanto esconde a verdadeira pobreza interior. Porque o pecado já nos enganou de várias formas cruéis, e uma delas foi incutir em nós um falso sentimento de vergonha. É muito difícil encontrarmos um homem ou uma mulher com a coragem de ser exatamente quem é, sem dar uma falsa impressão. O medo de serem descobertos corrói seus corações como traças. O homem culto é perseguido pelo temor de um dia encontrar alguém mais culto do que ele; o erudito teme encontrar alguém mais erudito; o rico se aflige com medo de suas roupas, seu carro ou sua casa parecerem baratos quando comparados aos bens de outro rico. A chamada "sociedade" funciona a partir de uma motivação não muito superior a essa, e as classes mais pobres, guardadas as devidas proporções, não estão muito melhores.

> Quando você se comporta como uma pequena divindade a quem todos devem ser fiéis, algumas pessoas aproveitam a chance para afrontar esse seu ídolo.

Capítulo 9 | MANSIDÃO E DESCANSO

Não deixe ninguém desdenhar disso. Esses fardos são reais e matam pouco a pouco as vítimas desse estilo de vida mau e pervertido. E, ao longo dos anos, isso cria uma forma de pensar que faz a verdadeira mansidão parecer ilusória como um sonho, distante como uma estrela. A todas as vítimas dessa doença corrosiva, Jesus diz: "se vocês [...] não se tornarem como crianças, de maneira nenhuma entrarão no Reino dos Céus" (Mateus 18.3). Isso, porque os pequeninos estão em outro nível. Eles ficam felizes com aquilo que têm, sem precisar compará-lo com outras coisas ou pessoas. Quando crescem e o pecado começa a se agitar em seus corações, passam a sentir ciúmes e inveja, e, assim, são incapazes de usufruir dos seus bens se alguém possui algo maior ou melhor. E, nessa tenra idade, o terrível fardo recai sobre suas jovens almas e nunca mais as abandona até Jesus as libertar.

> O homem manso não perde tempo pensando em quem é melhor, porque decidiu há muito que não vale a pena amar o mundo.

O fardo também advém da artificialidade. Com certeza, a maioria das pessoas vive com o medo de um dia ser descuidada e deixar que, por acaso, um inimigo ou amigo consiga um vislumbre da sua alma pobre e vazia. Por isso nunca é possível relaxar. Os indivíduos inteligentes ficam tensos e vigilantes para não serem pegos em alguma armadilha e acabarem dizendo algo banal ou tolo. Aqueles viajados temem encontrar algum desbravador capaz de descrever lugares remotos onde eles nunca estiveram.

Essa condição pervertida faz parte da nossa triste herança pecaminosa, mas é agravada em nossos dias por conta do estilo de vida que levamos. As propagandas se baseiam amplamente no hábito do fingimento; do mesmo modo, vários "cursos" são oferecidos nos mais diversos campos de conhecimento, apelando diretamente para o desejo da vítima de se sobressair. Livros são vendidos, roupas e cosméticos são revendidos, porque sempre brincam com esse anseio de parecermos o que não somos. O mal da artificialidade desaparecerá quando nos ajoelharmos aos pés de Jesus e nos entregarmos à Sua mansidão. A partir daí, se Deus estiver satisfeito, não daremos atenção à opinião dos outros. O que somos receberá toda a importância; o que parecemos ser sumirá da nossa escala de interesses. Longe do pecado, não temos motivo para sentir vergonha. Apenas um desejo maligno de nos sobressair faz com que almejemos qualquer coisa diferente da nossa verdadeira essência.

No mundo, essa carga de orgulho e fingimento está destruindo os corações. Não há como nos livrarmos do nosso fardo longe da mansidão de Cristo. Um raciocínio bom e aguçado pode ajudar um pouco, mas esse é um vício muito forte, se o reprimirmos, ressurgirá de outra forma. A todos os homens e mulheres, Jesus diz: "— Venham a mim […] e eu os aliviarei" (Mateus 11.28). O descanso oferecido por Ele provém da mansidão: o bendito alívio percebido quando aceitamos quem somos e paramos de fingir. Em um primeiro momento, precisaremos de coragem, mas a graça necessária nos será dada à medida que aprendemos e dividimos esse novo e leve jugo com o poderoso Filho de Deus. Ele o chama de "meu jugo" e carrega uma de suas extremidades, enquanto nós carregamos a outra.

Senhor, faça de mim uma criança.
Livre-me da necessidade de competir com
os outros por espaço, prestígio ou posição.
Quero ser sincero e inocente como uma
criança. Livre-me de uma vida de aparências e fingimentos; perdoe-me por pensar
em mim mesmo; ajude-me a me esquecer
de mim e a encontrar a verdadeira paz
ao contemplá-lO. Para responder a esta
oração, eu me humilho diante do Senhor.
Coloque sobre mim o leve jugo do autoesquecimento, para que, assim, eu encontre
descanso. Amém.

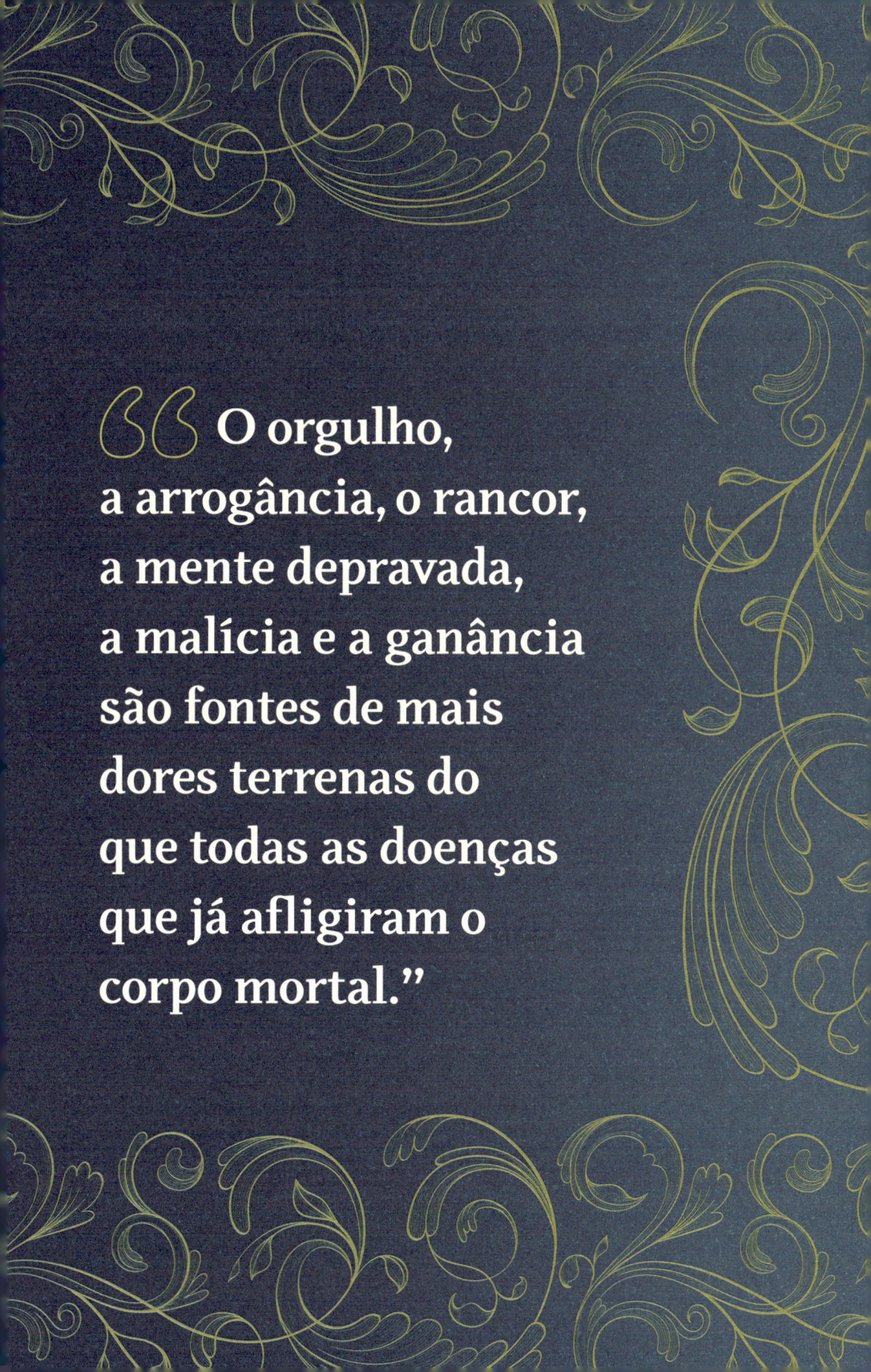

"O orgulho, a arrogância, o rancor, a mente depravada, a malícia e a ganância são fontes de mais dores terrenas do que todas as doenças que já afligiram o corpo mortal."

Capítulo 10

A VIDA COMO SACRAMENTO

Portanto, se vocês comem, ou bebem ou fazem qualquer outra coisa, façam tudo para a glória de Deus. (1 Coríntios 10.31)

Um dos maiores obstáculos que os cristãos encontram ao buscar a paz interior é o hábito frequente de dividir a vida em duas áreas: a sagrada e a secular. Como entendemos que elas devem existir separadas, ser incompatíveis moral e espiritualmente, mas que, pelas necessidades humanas, somos compelidos a cruzar a linha que as separa o tempo todo, as nossas vidas interiores tendem a se fragmentar, e, assim, vivemos uma existência dividida em vez de unificada.

Capítulo 10 | A VIDA COMO SACRAMENTO

O nosso problema existe porque nós, seguidores de Cristo, habitamos em dois mundos ao mesmo tempo: o espiritual e o natural. Como filhos de Adão, vivemos na Terra sujeitos às limitações da carne, às fraquezas e doenças que os seres humanos receberam por herança. O simples fato de vivermos entre os homens exige de nós anos de trabalho árduo, e muita cautela e atenção com as coisas deste mundo. Já a nossa vida espiritual é o exato oposto disso. Nela, gozamos de uma existência diferente, mais elevada, pois somos filhos de Deus, temos um status celestial e desfrutamos de uma comunhão íntima com Cristo.

A tendência é dividirmos toda a nossa existência em dois departamentos e acabarmos identificando inconscientemente dois tipos de ações. O primeiro é realizado com um sentimento de satisfação e com a plena certeza de que agrada a Deus. São os atos sagrados, e é comum acharmos que eles se resumem em orar, ler a Bíblia, cantar louvores, ir à igreja, entre outros exemplos que brotam diretamente da fé. Geralmente, são conhecidos por não terem relação imediata com a realidade material e perderiam todo o sentido se a fé não nos mostrasse um outro mundo, no qual temos "[...] uma casa não feita por mãos humanas, eterna, nos céus" (2 Coríntios 5.1).

Em oposição a esses atos sagrados, estão os seculares. Eles incluem todas as atividades triviais da vida que são compartilhadas com os filhos e as filhas de Adão: comer, dormir, trabalhar, cuidar das necessidades do corpo e fazer as nossas tarefas monótonas e habituais aqui, na Terra. Muitas vezes, as fazemos com relutância e apreensão, pedindo perdão a Deus, porque as consideramos uma perda de tempo e de esforço. O resultado disso é que ficamos inquietos a maior parte do tempo. Realizamos os nossos afazeres corriqueiros com um sentimento de profunda frustração, tentando nos convencer mentalmente de que dias melhores virão, em que nos livraremos dessa carapaça terrena e não seremos mais incomodados pelas questões deste mundo.

Essa é a antiga antítese entre o sagrado e o secular. A maioria dos cristãos cai nessa armadilha e não consegue um ajuste satisfatório com as exigências dos dois mundos. Eles tentam caminhar na corda bamba no meio dos reinos e não encontram paz em nenhum deles. Sua força é reduzida, sua perspectiva é confundida, e a alegria lhes é tirada. Acho essa situação totalmente desnecessária. A verdade é que nos colocamos entre a cruz e a espada, mas esse dilema não é real, e, sim, fruto de uma confusão. Essa antítese não tem base neotestamentária, e, sem dúvidas, quando entendermos melhor a verdade do Evangelho, nós nos livraremos dela.

O Senhor Jesus Cristo é o nosso exemplo perfeito: Ele não viveu de modo dividido. Na presença do Pai, andou na Terra sem rupturas desde a infância até a morte na cruz, e Deus aceitou, sem fazer distinções entre uma ação e outra, a oferta de toda a Sua vida. Ao dizer "[...] faço sempre o que lhe agrada" (João 8.29), Jesus resumiu brevemente a Sua existência em relação à vontade do Pai. Quando andou entre os homens, Ele foi estável e tranquilo. As pressões e os sofrimentos que suportou estavam relacionados com a Sua posição como Aquele que tira o pecado do mundo (cf. João 1.29) e, por isso, não eram consequência de uma incerteza moral ou de um desajuste espiritual.

A exortação de Paulo para que "[...] façam tudo para a glória de Deus" (1 Coríntios 10.31) é mais do que um idealismo pietista[1]; é uma parte integral da revelação sagrada e deve ser aceita como a Palavra da Verdade. Ela coloca diante de nós a possibilidade de fazer com que todos os atos das nossas vidas contribuam para a glória do Senhor. Para que não nos intimidássemos ao incluir tudo, Paulo só menciona comer e beber especificamente; atos que são um modesto privilégio que compartilhamos com os animais deste mundo. Se essas humildes ações animalescas podem ser feitas para a glória de Deus, fica difícil imaginar o que não poderia ser.

---

[1] N. E.: movimento luterano de reforma moral e religiosa originado no século XVII.

Capítulo 10 | A VIDA COMO SACRAMENTO

Até mesmo coisas antes vistas com aversão — como aquela que os monges sentiam pelo próprio corpo e que, sem base bíblica, aparece com tanta evidência nas obras de alguns escritores devocionais da Igreja Primitiva — podem glorificar a Deus. A modéstia comum pode ser encontrada nas Escrituras, é verdade, mas jamais um pudor exagerado ou uma falsa noção de vergonha. Normalmente, o Novo Testamento aceita que, na Sua encarnação, o nosso Senhor teve um corpo humano real, e nenhum esforço é feito para contornar as implicações diretas desse fato. Ele viveu naquele corpo, aqui, entre os homens, e nunca Se comportou de forma impura. Sua presença em carne e osso remove para sempre a ideia maligna de que há no corpo humano algo inerentemente ofensivo a Deus. Foi Ele quem criou nossos corpos, e não O ofendemos ao colocarmos essa responsabilidade onde ela deve estar. Ele não tem vergonha da obra das Suas mãos.

Por outro lado, o que acontece de perverso está no uso inadequado e no abuso das habilidades humanas — esses, sim, deveriam nos dar motivos o suficiente para nos envergonharmos. Usar o corpo de forma pecaminosa e contrária à natureza jamais honrará o Senhor. Onde quer que a vontade do homem introduza o mal moral, as nossas habilidades deixam de ser inocentes e inofensivas como eram quando Deus as criou. Em vez disso, temos algo maltratado e distorcido, que nunca trará glória ao Criador.

Consideremos, no entanto, que a perversão e o abuso não estão presentes. Imaginemos um cristão fiel, em cuja vida foram forjadas tanto a maravilha do arrependimento quanto a do novo nascimento. Agora, ele vive de acordo com a vontade de Deus, tal como a entende a partir da Palavra escrita. Não há qualquer problema em dizer que cada ato desse homem é — ou pode ser — tão sagrado quanto a oração, o batismo ou a Ceia do Senhor. Afirmar isso não é rebaixar todas as nossas ações a um péssimo nível, mas elevar cada uma delas a um Reino vivo e transformar a vida inteira em um sacramento.

Se um sacramento é uma expressão externa de uma graça interna, então não precisamos hesitar para aceitar a tese que acabei de mencionar. Em um ato no qual consagramos tudo o que somos a Deus, podemos fazer com que cada ação subsequente expresse nossa devoção. Não precisamos mais nos envergonhar do nosso corpo — esse instrumento de carne que nos transporta ao longo da vida —, do mesmo modo que Jesus não Se envergonhou do humilde animal em que cavalgou ao entrar em Jerusalém. "[...] O Senhor precisa dele [...]" (Marcos 11.3) — frase usada a respeito de um jumentinho e que também pode se aplicar aos nossos corpos mortais. Se Cristo vive em nós, temos a capacidade de, assim como aquele animalzinho no passado, levar o Senhor da glória para todos os lugares, dando motivos para que as multidões exclamem: "[...] Hosana nas maiores alturas!" (Mateus 21.9).

Contudo, não é suficiente que enxerguemos essa verdade; se conseguimos fugir das dificuldades do dilema entre o sagrado e o secular, ela tem que "correr em nossas veias" e condicionar a expressão dos nossos pensamentos. Precisamos colocar em prática o viver para a glória de Deus, de maneira sincera e com determinação. Ao meditar nessa verdade, ao levá-la para o Senhor em nossas orações, ao nos lembrar dela com frequência em nossa caminhada entre os homens, uma noção do seu maravilhoso significado começará a se apoderar de nós. A antiga e dolorosa dualidade cessará diante da tranquilidade de uma vida integral. Saber que pertencemos totalmente a Deus, que Ele nos recebeu por inteiro, sem rejeitar nada, unificará nossas vidas interiores e, assim, todas as coisas serão sagradas para nós.

> Cada ato desse homem é — ou pode ser — tão sagrado quanto a oração, o batismo ou a Ceia do Senhor.

Entretanto, isso não é tudo. Não é fácil abandonar os hábitos de longa data. Você precisará usar a sua mente com inteligência e orar muito, com reverência, para fugir completamente da mentalidade dualista. Pode ser difícil para o cristão comum, por exemplo, entender que suas atividades diárias têm a possibilidade de serem realizadas como atos aceitáveis de adoração a Deus por meio de Jesus Cristo. Às vezes, a velha antítese vai surgir em sua mente e perturbar sua paz de espírito. Nem a antiga serpente — o Diabo — vai aceitar tudo isso sem fazer nada. Ela estará lá, no táxi, à mesa ou no campo para lembrar o crente de que ele está perdendo a melhor parte do dia com as coisas deste mundo e separando apenas uma parte insignificante do seu tempo para os seus deveres religiosos. E, a não ser que o cristão tome muito cuidado, isso o confundirá, trazendo desencorajamento e peso ao coração.

Podemos ser bem-sucedidos em resolver isso com o simples exercício de uma fé agressiva. Precisamos oferecer tudo o que fazemos a Deus, crer que Ele aceita cada atividade e nos manter firmes nessa posição, insistindo que todos os nossos atos, durante todas as horas do dia e da noite, devem ser incluídos nesse processo. Por cada momento de oração individual, sigamos lembrando o Senhor de que desejamos que todas as nossas ações sejam para a Sua glória; acrescentemos a essas ocasiões milhares de orações silenciosas à medida que vivemos os nossos dias; exercitemos a bela arte de transformar tudo o que fazemos em uma ministração pastoral; creiamos que Deus está em todos os nossos simples afazeres e aprendamos a encontrá-lO neles.

Simultânea ao erro que estamos discutindo, está a antítese entre o sagrado e o secular aplicada aos lugares. É um tanto espantoso o fato de lermos o Novo Testamento e ainda acreditarmos que existem recintos inerentemente sagrados, diferentes dos demais. Esse erro está tão difundido que nos sentimos sozinhos quando tentamos combatê-lo. Ele funciona como uma espécie de tinta que embaça os pensamentos e os olhos das pessoas religiosas, de maneira que é quase impossível identificar sua falácia. Apesar de todo o Novo Testamento ensinar o contrário, isso tem sido dito e cantado ao longo dos séculos, e aceito como parte da mensagem cristã, o que certamente não é.

Que eu saiba, apenas os Quackers[2] perceberam esse erro e tiveram a coragem de expô-lo. É assim que vejo os fatos.

Por quatrocentos anos, Israel esteve no Egito, cercado pela mais óbvia idolatria. Por meio de Moisés, o povo de Deus foi finalmente tirado de lá e, assim, iniciou a caminhada para a Terra Prometida. Até mesmo a ideia de santidade era estranha para eles. Para corrigir isso, o Senhor começou a ensiná-los a partir dos fundamentos: Ele concentrou Sua presença na nuvem e no fogo (cf. Êxodo 13.21); depois, quando o Tabernáculo foi construído, habitou nas ardentes manifestações no Santo dos Santos (cf. Êxodo 40). De inúmeras formas diferentes, Deus ensinou para Israel a diferença entre o sagrado e o profano. Havia os dias santos, os vasos santos, as vestes santas. Além disso, também existiam os rituais de purificação, os sacrifícios, os vários tipos de ofertas. E, assim, Israel aprendeu que Deus é santo. Isso era o que Ele lhes estava ensinando. Eles não precisavam instruir-se a respeito da santidade de objetos e lugares, mas sobre a santidade de Jeová.

Então chegou o grande dia em que Jesus veio. Imediatamente, começou a dizer: "— Vocês ouviram o que foi dito [...] Eu, porém, lhes digo [...]" (Mateus 5.27-28), portanto, os ensinos veterotestamentários acabaram. Assim que Cristo morreu na cruz, o véu do templo foi rasgado de alto a baixo, e o Santo dos Santos foi aberto para que todos entrassem pela fé (cf. Mateus 27.50-51). As palavras de Jesus foram lembradas:

> *[...] está próxima a hora em que vocês não adorarão o Pai nem neste monte, nem em Jerusalém [...] No entanto, está chegando a hora, e de fato já chegou, em que os verdadeiros adoradores adorarão o Pai em espírito e em verdade. São estes os adoradores que*

---

[2] N. E.: criados por George Fox, os Quakers são um grupo religioso que sugere uma interpretação da fé cristã que não segue convenções.

Capítulo 10 | A VIDA COMO SACRAMENTO

o Pai procura. Deus é espírito, e é necessário que os seus adoradores o adorem em espírito e em verdade. (João 4.21, 23-24 – NVI)

Logo depois, Paulo deu o grito de liberdade e declarou que todos os alimentos eram puros (cf. Romanos 14.20); todos os dias, santos; todos os lugares, sagrados; e todos os atos, aceitáveis a Deus. A sacralidade dos tempos e dos lugares — uma penumbra necessária para que o povo fosse educado — desaparece diante do grande sol da adoração espiritual.

A espiritualidade essencial à adoração se manteve como um patrimônio da Igreja até que, aos poucos, perdeu-se com o passar dos anos. Assim, a luz natural do legalismo presente nos pervertidos corações humanos começou a introduzir as antigas distinções. E, de novo, a Igreja passou a guardar os dias, as estações e os períodos. Alguns lugares foram escolhidos e separados como sagrados de uma forma especial. Começaram a fazer distinções entre as datas, os recintos e as pessoas. Primeiro, os sacramentos eram dois, depois três, quatro, até que, com a vitória do romanismo, se tornaram sete.[3]

Sendo bastante caridoso e sem desejo algum de pensar mal de outros cristãos, por mais enganados que estejam, gostaria de salientar que, hoje, a Igreja Católica Apostólica Romana representa a heresia do dualismo levada à sua conclusão lógica. Seu efeito mais perigoso é a total separação entre a religião e a vida. Seus mestres tentam evitar essa cilada fazendo uso de muitas notas de rodapé e infinitas explicações, mas o instinto lógico da mente humana é muito forte. No dia a dia, a separação é um fato.

---

[3] N. E.: aqui, o autor se refere aos sete sacramentos da Igreja Católica, a saber: o batismo, a confirmação (ou crisma), a eucaristia, a reconciliação (ou penitência), a unção dos enfermos, a ordem e o matrimônio.

Foi dessa escravidão que os reformadores, os puritanos e os místicos trabalharam para nos libertar. Hoje, a tendência nos círculos conservadores é voltar a essa prisão. Dizem que um cavalo, depois de ser levado para fora de um prédio em chamas, às vezes, devido a uma estranha teimosia, conseguirá se soltar do seu resgatador e correrá de volta para o prédio, para morrer no fogo. Igualmente, devido a uma tendência persistente ao erro, o fundamentalismo do nosso tempo tem se voltado para uma escravidão espiritual. Guardar os dias e os períodos está se tornando cada vez mais comum entre nós. A "Quaresma", a "Semana Santa" e a "Sexta-feira Santa" são expressões que escutamos com cada vez mais frequência nos lábios dos cristãos evangélicos. Não sabemos quando parar.

Com o objetivo de ser compreendido, e não mal interpretado, lançarei alguma luz sobre as implicações práticas desse ensino a favor do qual venho argumentando, a saber, a qualidade sacramental da vida cotidiana. Mas, em vez de seus significados positivos, gostaria de salientar algumas coisas que ela não é. A existência diária não significa, por exemplo, que todas as nossas tarefas sejam igualmente importantes entre si, especialmente quando comparadas ao que podemos fazer. Um ato na vida de um homem pode ser completamente diferente de outro quanto à sua importância. O fato de Paulo fazer tendas não era igual a ele escrever a epístola aos Romanos, mas ambos eram aceitos por Deus e verdadeiros atos de adoração. Certamente, é mais importante levar uma alma a Cristo do que plantar um jardim, mas a ação de plantar o jardim pode ser tão santa quanto ganhar uma alma.

> A sacralidade dos tempos e dos lugares — uma penumbra necessária para que o povo fosse educado — desaparece diante do grande sol da adoração espiritual.

Repito, não significa que todos sejam igualmente úteis. Os dons são diferentes no corpo de Cristo (cf. 1 Coríntios 12). Um

Capítulo 10 | A VIDA COMO SACRAMENTO

homem como Billy Bray[4] não pode ser comparado a um Lutero ou a um Wesley, por mera utilidade para a Igreja e para o mundo. Contudo, o serviço de um irmão menos habilidoso é tão puro quanto o do mais talentoso, e Deus recebe os dois com o mesmo prazer.

O "leigo" nunca deve pensar que o seu trabalho mais humilde é inferior ao do seu pastor. Todo homem precisa se conformar com a vocação para a qual foi chamado, e suas atividades serão tão sagradas quanto as de qualquer outro. Não é o que uma pessoa faz que determinará se os seus afazeres são sagrados ou seculares, mas, sim, a intenção que a move. O porquê é essencial. Quando alguém santifica a Deus em seu coração, nenhum dos seus atos é comum. Tudo o que faz é bom e aceitável ao Senhor por meio de Jesus Cristo. Desse modo, sua vida inteira será um sacramento, e o mundo todo será o seu santuário. Toda a sua vivência será uma ministração pastoral. Ao desempenhar as suas tarefas sempre tão simples, ouvirá a voz do serafim dizendo: "[…] Santo, santo, santo é o Senhor dos Exércitos; toda a terra está cheia da sua glória" (Isaías 6.3).

---

[4] N. E.: pregador e evangelista que atuou na região da Cornualha, Inglaterra, durante o século XVIII.

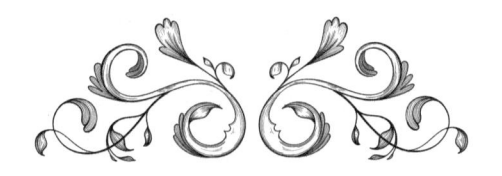

Ó Deus, quero confiar totalmente no Senhor, ser Seu por inteiro; quero exaltá-lO acima de tudo. Desejo não ter senso de posse algum, com exceção de possuir o Senhor. Anseio estar sempre consciente da Sua presença deslumbrante e ouvir a Sua voz. Anelo viver em tranquila sinceridade de coração. Almejo caminhar tão plenamente no Espírito que todos os meus pensamentos serão como um incenso suave que sobe ao Senhor, e tudo o que eu fizer será um ato de adoração. Por isso, oro as mesmas palavras que o Seu servo do passado: "Suplico ao meu Senhor que limpe a intenção do meu coração com o dom indizível da Sua graça, para que eu possa amá-lO com perfeição e louvá-lO com excelência". E, com confiança, creio que o Senhor me concederá tudo isso por meio dos méritos de Jesus Cristo, o Seu Filho. Amém.

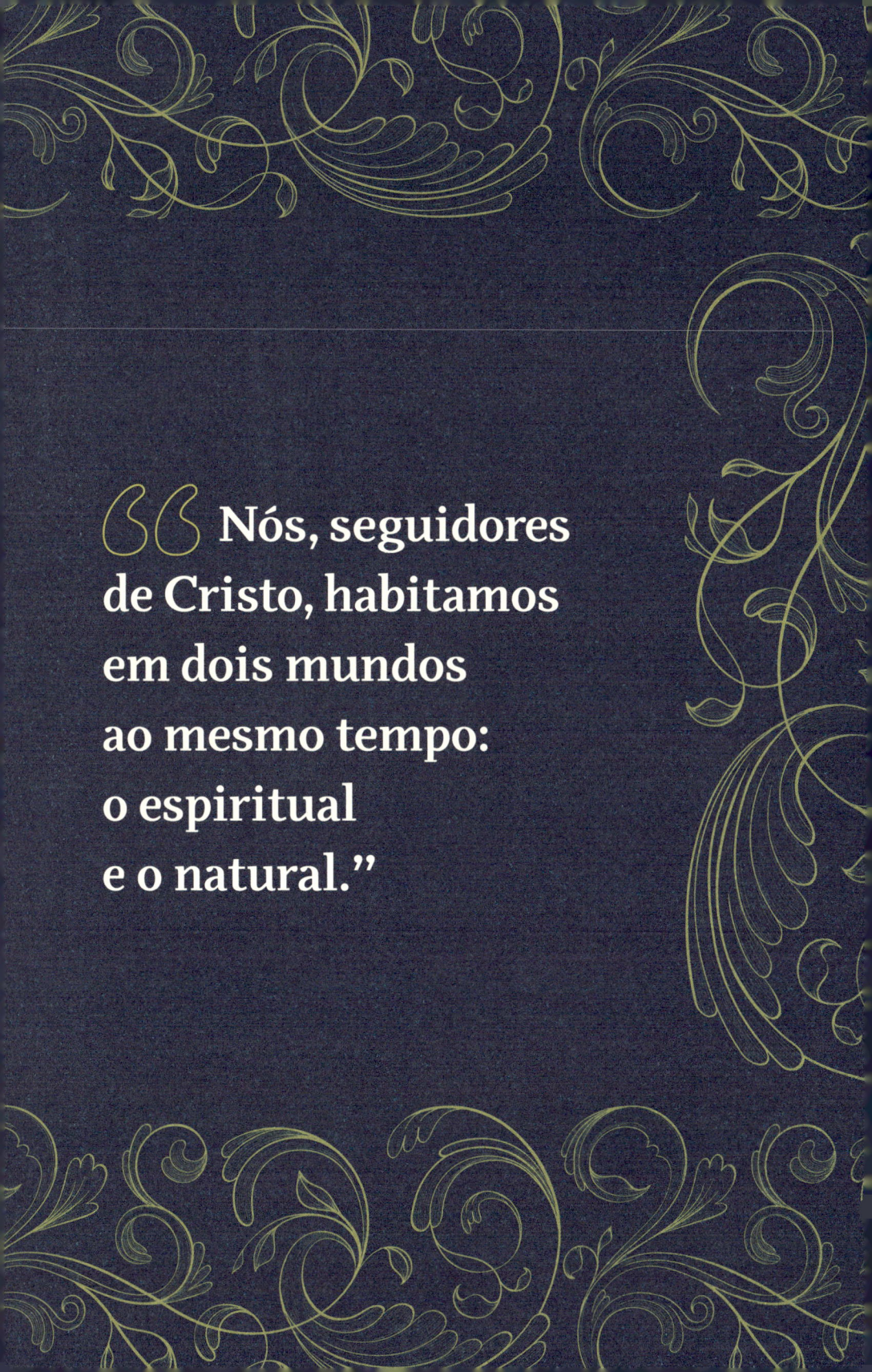

"Nós, seguidores de Cristo, habitamos em dois mundos ao mesmo tempo: o espiritual e o natural."

REFERÊNCIAS BIBLIOGRÁFICAS

INTRODUÇÃO

Halsted Street. Publicado por *Chicagology*. Disponível em *https://chicagology.com/chicagostreets/halstedstreet/*. Acesso em julho de 2022.

WHERE Cross the Crowded Ways of Life. Compositor: Frank Mason North. Nova York: [*s. n.*],1905. Tradução nossa.

PREFÁCIO

Commentary: Wesley's views on holding right opinions. Publicado por *UM News* em 29/11/2016. Disponível em *https://www.umnews.org/en/news/commentary-wesleys-views-on-holding-right-opinions*. Acesso em outubro de 2022.

MILTON, John. Lycidas. *In*: _____ . **Justa Edouardo King Naufrago**. Cambridge: Apud Thomam Buck, & Rogerum Daniel, Catabrigiæ, 1637.

CAPÍTULO 1

A nuvem do não-saber. 4. ed. Petrópolis: Vozes, 2013.

Friedrich von Hügel. Publicado por *Britannica*. Disponível em *https://www.britannica.com/biography/Friedrich-von-Hugel*. Acesso em setembro de 2022.

JESUS, thou joy of loving hearts. Compositor: Bernard of Clairvaux. [*S. l.: s. n.*], [11--]. Traduzido para a língua inglesa por Ray Palmer, em 1858. Tradução nossa.

JESUS, my all, to heaven is gone. Compositor: John Cennick. [*S. l.: s. n.*], Tradução nossa.

MAJESTY Divine. Compositor: Frederick William Faber. [*S. l.: s. n.*], Tradução nossa.

CAPÍTULO 3

AGOSTINHO. **Confissões**. Tradução de Frederico Ozanam Pessoa de Barros. Rio de Janeiro: Nova Fronteira, 2012.

AMES, Roger T. **Laozi**. Publicado por *Britannica* e editado em 30/08/2022. Disponível em *https://www.britannica.com/biography/Laozi*. Acesso em setembro de 2022.

BONAR, Andrew. **Robert Murray M'Cheyne**. London: Banner of Truth Trust, 1991.

FABER, Frederick W. **All for Jesus**. London: Richardson and Son, 1855. Tradução nossa.

Frederick William Faber. Publicado por *Britannica* e atualizado em 22/09/2022. Disponível em *https://www.britannica.com/biography/Frederick-William-Faber*. Acesso em setembro de 2022.

MILTON, John. **Paraíso perdido**. Tradução de Daniel Jonas. 2. ed. São Paulo: Editora 34, 2016.

MY God, how wonderful Thou art. Compositor: Frederick W. Faber. [*S. l.: s. n.*], 1849. Tradução nossa.

O Jesus, Jesus. Compositor: Frederick W. Faber. [*S. l.: s. n.*], Tradução nossa.

POPKIN, Richard. **Benedict de Spinoza**. Publicado por *Britannica* e atualizado em 30/08/2022. Disponível em *https://www.britannica.com/biography/Benedict-de-Spinoza*. Acesso em setembro de 2022.

SH^EKANYAH [07935]. *In*: DICIONÁRIO bíblico Strong. Barueri: Sociedade Bíblica do Brasil.

SMITH, Samuel James. **The New-England Primer**. Publicado por *Britannica*. Disponível em *https://www.britannica.com/topic/The-New-England-Primer*. Acesso em setembro de 2022.

THE Eternal Spirit. Compositor: Frederick W. Faber. [*S. l.: s. n.*], Tradução nossa.

WESTMINSTER, Assembleia de. **O breve catecismo de Westminster**. São Paulo: Cultura Cristã, 2019.

Wisdom of Solomon. Publicado por *Britannica*. Disponível em *https://www.britannica.com/topic/Wisdom-of-Solomon*. Acesso em setembro de 2022.

CAPÍTULO 4
HOLMES, W. H. G. **The presence of God:** a study in divine immanence and transcendence. Londres: Society for Promoting Christian Knowledge, 1923.

CAPÍTULO 5
BUONARROTI, Michelangelo. **To the Supreme Being.** [S. l.: s. n.],[15--]. Traduzido para o inglês por William Wordsworth. N. T.: Disponível em *https://www.poetry-archive.com/b/to_the_supreme_being.html*. Acesso em agosto de 2022.

DRAW me nearer. Compositor: Fanny Crosby. [S. l.: s. n.], 1875.

CAPÍTULO 7
CUSA, Nicholas of. **The Vision of God.** New York: B. P. Dutton & Co., 1928.

Idem. **A visão de Deus**. Tradução de João Maria André. 4. ed. Lisboa: Fundação Calouste Gulbenkian, 2012.

KHAYYAM, Omar. **The Rubaiyat**. Tradução de Edward FitzGerald. New York: Dover Publications, 2011.

SHABBATH [07676]. *In*: DICIONÁRIO bíblico Strong. Barueri: Sociedade Bíblica do Brasil, 2002.

SUMMUM BONUM. *In*: DICIONÁRIO de Filosofia. Tradução de Gita K. Guinsburg. São Paulo: Perspectiva, 2002.

Thomas à Kempis. Publicado por *Britannica* e editado em 13/09/2022. Disponível em *https://www.britannica.com/biography/Thomas-a-Kempis*. Acesso em outubro de 2022.

TIANGCO, Kathrina Jane. **Pullman Berth**. Publicado por *Tips for efficiency* em 14/02/2022. Disponível em *https://tipsforefficiency.com/pullman-berth/*. Acesso em outubro de 2022.

CAPÍTULO 10
A nuvem do não saber. 4. ed. Petrópolis: Vozes, 2013.

Billy Bray. Publicado por *UK Wells*. Disponível em *https://ukwells.org/revivalists/billy-bray*. Acesso em outubro de 2022.

JAMES, Edwin Oliver. **Sacrament**. Publicado por *Britannica*. Disponível em *https://www.britannica.com/topic/sacrament*. Acesso em outubro de 2022.

Pietism. Publicado por *Britannica*. Disponível em *https://www.britannica.com/topic/Pietism*. Acesso em outubro de 2022.

Quaker. Publicado por *Britannica*. Disponível em *https://www.britannica.com/topic/Quaker*. Acesso em outubro de 2022.

Este livro foi produzido em Adobe Garamond Pro 12 e impresso
pela Gráfica Promove sobre papel Pólen Natural 70g
para a Editora Quatro Ventos em fevereiro de 2023.